U0937147

中等职业教育会计类专业系列教材

税费计算与申报

任瑞丽　穆亚萍　主　编

白崇行　杨丽娟　副主编
蔡志会　洪宇平

科学出版社

北　京

内 容 简 介

本书以《中华人民共和国税法》最新规定为依据，以在企业实际工作中的税费计算和申报为主线，在中等职业学校会计教学成果的基础上编写而成。

全书共分9个项目，包含企业税前准备，增值税计算与申报，消费税计算与申报，营业税计算与申报，企业所得税计算与申报，个人所得税计算与申报，城市维护建设税、教育费附加计算与申报，印花税、房产税、城镇土地使用税计算与申报，网上纳税申报。学生在掌握必备的税收知识前提下，掌握税费计算和申报业务的基本流程，学会企业主要税费的计算方法和纳税申报表的填写。

本书可作为中等职业学校会计及相关专业学习教材，也可供社会在职人员培训使用，同时还可作为会计从业人员的自学教材。

图书在版编目(CIP)数据

税费计算与申报/任瑞丽，穆亚萍主编．—北京：科学出版社，2013
（中等职业教育会计类专业系列教材）
ISBN 978-7-03-038362-4

Ⅰ.①税… Ⅱ.①任… ②穆… Ⅲ.①税费-计算-中等专业学校-教材 ②纳税-税收管理-中国-中等专业学校-教材 Ⅳ.①F810.423 ②F812.42

中国版本图书馆CIP数据核字（2013）第192493号

责任编辑：任锋娟 王 琳 / 责任校对：王万红
责任印制：吕春珉 / 封面设计：耕者设计工作室

科学出版社 出版
北京东黄城根北街16号
邮政编码：100717
http://www.sciencep.com

北京中科印刷有限公司印刷
科学出版社发行 各地新华书店经销
*
2013年8月第 一 版 开本：787×1092 1/16
2021年9月第七次印刷 印张：10 3/4
字数：255 000

定价：30.00元

（如有印装质量问题，我社负责调换〈中科〉）
销售部电话 010-62134988 编辑部电话 010-62135763-2015

前 言

在企业的经济活动中，申报纳税是企业必须完成的一项法定义务。税费的计算和申报缴纳自然成为企业会计人员日常工作的重要组成部分。作为以培养技能型和应用型人才为中心的中职教育，势必要将“税费计算与申报”作为会计专业、会计电算化专业、财务管理等专业的主干专业课程。如何满足中等职业教育会计专业教学需要，贯彻“以素质为基础，以能力为本位”的原则，好的教材对学生学习和教师教学都是至关重要的，基于此，特邀具有丰富中职教育经验的优秀教师及企业会计专家、会计工作人员共同编写了本教材。

本书立足于我国中小型企业涉税岗位，以我国最新的税法和会计准则为依据，以培养学生职业技能和职业素养为目标，根据企业纳税岗位实际工作过程设计学习任务，以税费计算和申报为主线，以学生为主体，模拟企业纳税业务进行编写。重点是让学生掌握企业常见税费的计算方法和申报方法。本书将税费计算、申报所需知识与技能融为一体、相互贯通，目的是使学生上岗前熟悉相关工作。

本书以大量仿真的单、证、票等资料反映企业相关纳税业务的发生与纳税岗位的操作过程，按照“工学结合”的人才培养模式，项目与任务设计完全仿真企业税费计算和申报环境，真正体现了“做中学”、“学中做”、“做中教”的以学生为主体的教育理念。

本书由 9 个项目组成，项目 1、项目 6 由穆亚萍编写；项目 2 由蔡志会编写；项目 3 由洪宇平编写；项目 4～项目 5、项目 9 由任瑞丽编写；项目 7 由白崇行编写；项目 8 由杨丽娟编写；任瑞丽负责全书的修改、总纂、定稿。

本书在编写过程中，得到了金祥哲老师的大力帮助与支持，也参考了相关文献，编者一并表示感谢！

由于编者水平有限，书中难免存在不足之处，敬请广大读者批评指正。

目　录

项目1 企业税前准备

项目介绍

✧ 申报纳税是每个企业对国家和社会必须履行的法定义务和责任。为确保企业及时、准确申报缴纳税款，首先必须做好纳税前的准备工作，如企业税务登记、税种鉴定、发票领购及纳税资格鉴定等准备工作。

能力目标

✧ 会填写企业开业、变更及注销等税务登记表。
✧ 能办理发票领购事项。

知识目标

✧ 了解我国税收征收机关及税务机构的设置情况。
✧ 熟悉我国现行的主要税种。
✧ 掌握企业税务登记的种类和具体办理流程。
✧ 熟悉发票管理的制度和要求。

社会目标

✧ 具有良好的语言表达、职业沟通和协调能力。
✧ 能与税务部门建立良好的关系。
✧ 具有诚信的品格和较强的责任感。

任务 1　税务机构设置及现行税种的认知

一般情况下，企业的涉税事项，须到企业当地所属的主管税务机关进行办理。目前我国实行分税制财政管理体制，现行税务机构设置是中央政府设立国家税务总局（正部级），省及省以下税务机构分别为国家税务局（简称国税）和地方税务局（简称地税）两个系统。

工作任务

认识主管税务机关和税种

李小萌是一名会计专业的学生，来到西安一家企业的会计部门实习。上岗的第一天，会计李琳刚好要去主管税务部门办理企业新成立的一个公司的税务登记等涉税事项，要李小萌一起去。请帮李小萌想想，他们将要去哪个税务机构办理这些事项？该新成立的企业应交哪些税呢？

一、我国税收征收机关

目前，我国的征税机关有税务机关、海关、财政部门。

二、我国目前开征的主要税种

按照征税对象的性质不同，我国现行税种可以分为五大类：流转税类、所得税类、资源税类、行为税类、财产税类。

（一）流转税类

流转税类是指对在商品买卖过程中发生的交易额或企事业单位、个人在提供诸如服务、运输、娱乐等劳务而获取的收入为课税对象的税种。它主要有增值税、营业税、消费税、关税、城市维护建设税、教育费附加等，如图 1-1 所示。

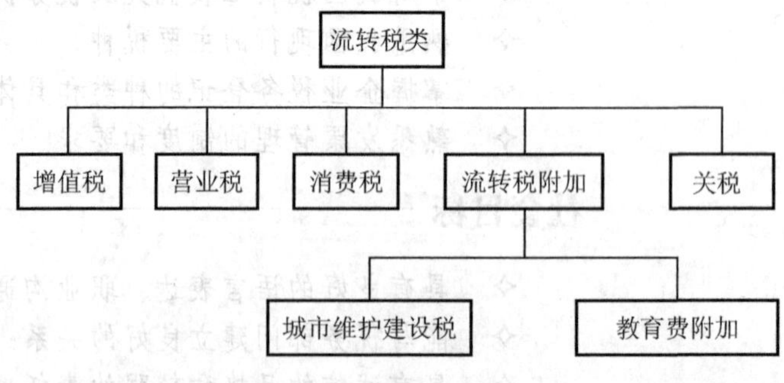

图 1-1　流转税的主要种类

（二）所得税类

所得税类指国家对纳税人在一定时期内取得的收益（应纳税所得额）征收的一种税。它主要包括企业所得税、个人所得税，如图1-2所示。

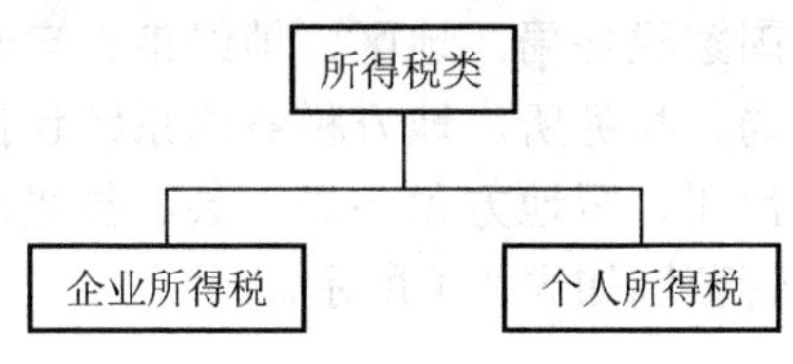

图1-2　所得税的种类

（三）资源税类

资源税类主要是对开发和利用自然资源差异而形成的级差收入征收的一类税。它主要有资源税、城镇土地使用税、土地增值税、耕地占用税等，如图1-3所示。

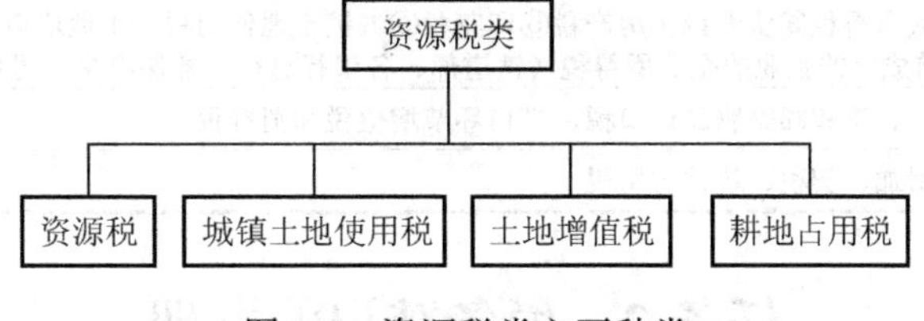

图1-3　资源税类主要种类

（四）行为税类

行为税类是对纳税人特定行为征收的税类。它主要有印花税、车辆购置税、筵席税等，如图1-4所示。

图1-4　行为税类主要种类

（五）财产税类

财产税类是对纳税人拥有和归其支配的财产数量或价值额征收的一种税类。它主要有房产税、契税、车船税等，如图1-5所示。

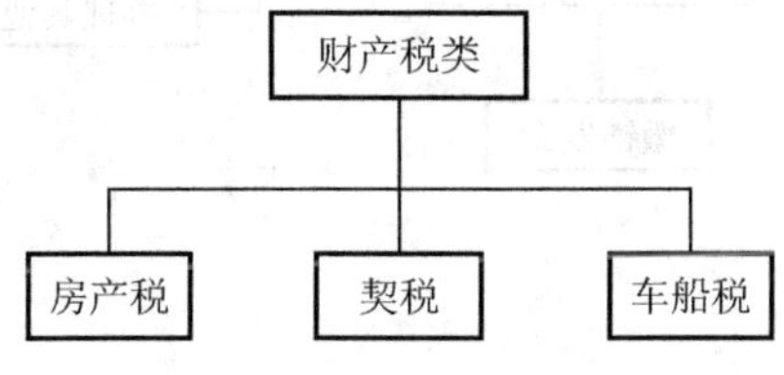

图1-5　财产税类主要种类

三、我国税收征收管理范围的划分

我国现行税务机构设置是中央政府设立国家税务总局（正部级），省及省以下税务机构分别为国家税务局（简称国税）和地方税务局（简称地税）两个系统。国家税务局系统包括省、自治区、直辖市国家税务局，地区、地级市、自治州国家税务局，县、县级市、旗国家税务局，征收分局、税务所。地方税务局系统包括省、自治区、直辖市地方税务局，地区、地级市、自治州、盟地方税务局，县、县级市、旗地方税务局，征收分局、税务所。各征税主体征管范围如表 1-1 所示。

表 1-1　征税机关与征收税种

征收系统	征收的主要税种
国税系统	①增值税②消费税③车辆购置税 ④铁道部、各银行总行、各保险总公司集中缴纳的营业税、所得税及城市维护建设税 ⑤中央企业所得税 ⑥2002 年 1 月 1 日以后成立企业的企业所得税
地税系统	①营业税、城市维护建设税（国税征收的除外） ②个人所得税③资源税④房产税⑤印花税⑥城镇土地使用税⑦土地增值税⑧车船税⑨2002 年 1 月 1 日前成立的企业的企业所得税（铁道部、各银行总行、各保险总公司集中缴纳的除外）
海关系统	关税、行李和邮寄物品进口税、进口环节增值税和消费税
财政部门	地方附加、契税、耕地占用税

任务 2　税务登记的办理

税务登记是整个税收征收管理的首要环节，是税务机关对纳税人基本情况及生产经营项目进行登记管理的一项基本制度，也是纳税人已经纳入税务机关监督管理的一项证明。税务登记包括开业登记、变更登记、停业及复业登记、注销登记、外出经营报验登记。税务登记遵循属地管理和不重复登记原则，国家税务局和地方税务局按规定的税收管理范围，实行统一代码，由征收企业主要税种的税务机构发放税务登记证书，国税地税分别登记、分别管理的制度。税务登记的流程如图 1-6 所示。

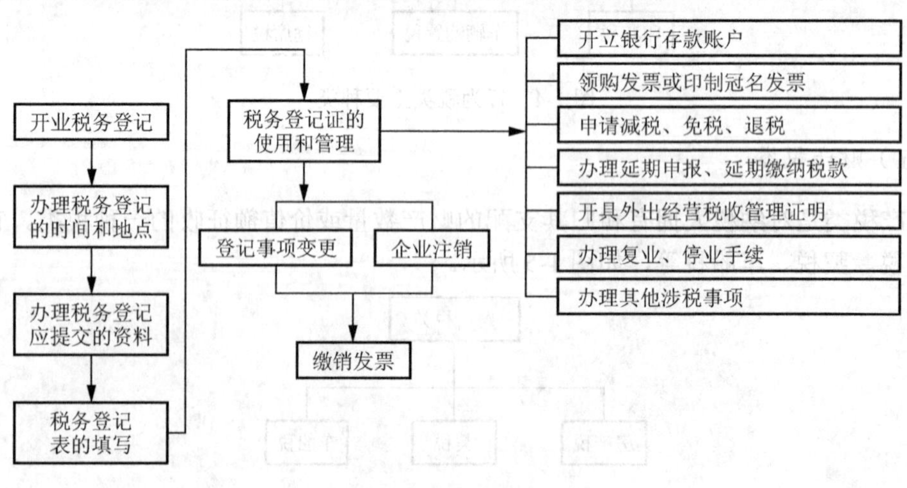

图 1-6　税务登记流程图

工作任务

开业税务登记的办理

会计李琳带着李小萌分别去了新办企业所属的西安市雁塔区国税局和地税局，顺利地办理了税务登记业务。李琳一边办理开业税务登记业务，一边给李小萌详细地讲述了开业税务登记的流程、所需资料，税务登记表的填写方法等知识。李小萌很聪明，而且听得非常认真。李琳见李小萌聪明好学，顺便把企业税务登记变更、注销税务登记的相关知识对李小萌进行了讲解。第一天上岗，虽然有些累，但李小萌心里非常高兴，因为在这一天，他学到了很多知识。他准备下班后，将今天的工作做一个总结，请帮助李小萌完成下列总结事项：

1. 开业税务登记的流程是什么？办理时需要提供哪些资料？如何填写开业税务登记表？
2. 企业在什么情况下要办理税务登记变更？办理时需要提供哪些资料？
3. 企业在什么情况下要办理注销税务登记？办理时需要提供哪些资料？
4. 如何填写税务登记变更表和注销税务登记表？

一、开业税务登记的办理

（一）开业税务登记的对象

1）领取营业执照从事生产、经营的纳税人，指企业在外地设立的分支机构和从事生产、经营的场所，个体工商户和从事生产、经营的事业单位。

2）其他纳税人，指不需进行工商登记，但又有纳税义务的单位和个人。

小提示

下列纳税人可以不申报办理税务登记：

1）偶尔取得应缴纳增值税、消费税收入的个人。

2）自产自销免税农、林、牧、水产品的农业生产者。

3）县级以上国家税务机关规定不需要办理税务登记的其他纳税人。

（二）办理税务登记的时间与地点

1）从事生产、经营的纳税人，应自领取营业执照之日起30日内，向生产、经营地或纳税义务发生地的主管税务机关申报办理税务登记。

2）其他纳税人，除国家机关和个人外，应自纳税义务发生之日起30日内，持有关证件向所在地税务机关申办纳税登记。图1-7为办理税务登记的时间与地点示意图。

图1-7 办理税务登记的时间与地点

小提示

登记的期限是30日，不是30个工作日。这表明从领取营业执照起直接计算的日历天数，不扣除公共假期。

（三）办理税务登记时应提供的资料

1）企业法人营业执照或其他核准执业证原件及复印件。

2）组织机构代码证书原件及复印件。

3）法人代表（负责人）身份证、护照或者其他证明身份的合法证件及复印件。

4）企业财务人员从业资格证与身份证及复印件。

5）房产证或房屋租赁合同及房屋租赁发票及复印件。

6）企业有关合同、章程、协议书。

7）税务机关要求提供的其他有关证件、资料。

（四）开业税务登记的流程

开业税务登记的流程如图 1-8 所示。

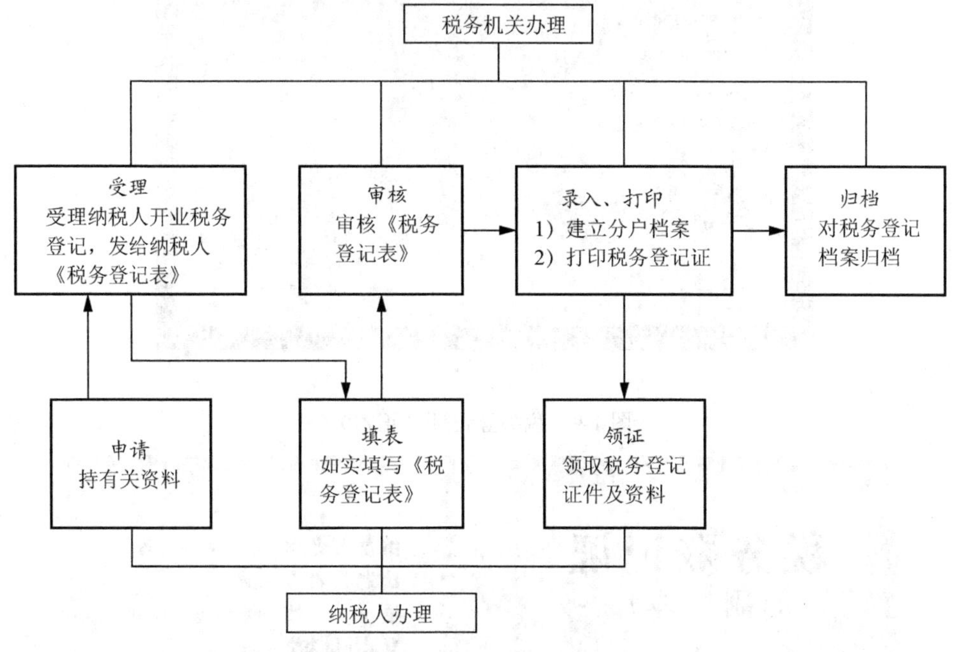

图 1-8　开业税务登记流程

1）纳税人领取营业执照之日起 30 日内，向税务机关提出办理税务登记的书面申请，即提交《申请税务登记报告书》，并提供所需的各种资料、证件。

2）税务机关对纳税人的《申请税务登记报告书》及要求报送的各种资料、证件进行查验。纳税人提交的资料完备的，税务机关方可受理，并根据纳税人的经济类型发放《税务登记表》。

3）纳税人填写并提交《税务登记表》等表格。

4）税务机关对纳税人填写的《税务登记表》及相关的资料、证件进行审核，符合条件的予以登记，并发给《税务登记证》。《税务登记证》有正本、副本之分。正本一般要求纳税人悬挂于生产、经营场所醒目的位置，便于公众查阅和税务机关检查。副本主要用于纳税人向税务机关办理有关涉税事宜。

5）纳税人领取《税务登记证》，样本如图 1-9（正本）和图 1-10（副本）。

小提示

1）税务登记证只限纳税人自己使用，不得转借、涂改、损毁、买卖或者伪造。

2）税务登记证正本的使用：一般是在其生产经营场所或办公场所公开悬挂，通常与营业执照放在一起。

3）税务登记证副本的使用：主要用于纳税人办理相关事项时的书面证明。

图 1-9　税务登记证（正本）

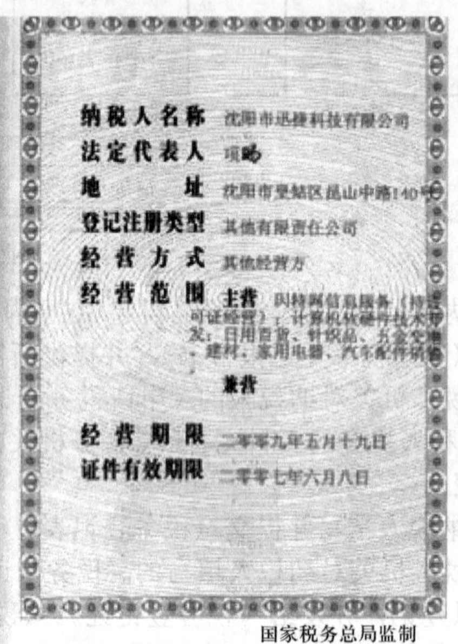

图 1-10　税务登记证（副本）

（五）开业《税务登记表》

《税务登记表》分为“适用于单位纳税人、个体经营、临时税务登记纳税人、企业分支机构、其他单位”等几种类型。纳税人在进行税务登记时，要根据自己对应的经济类型选择填写《税务登记表》。本文以单位纳税人的税务登记表为例，如表 1-2 所示。

纳税人填写完表内的相关内容后，加盖纳税人单位公章、法人代表章，然后将税务登记表及应提交的资料一起交税务登记窗口办理。

表 1-2 税务登记表

（适合单位纳税人）

填表日期：

纳税人名称			纳税识别号				
登记注册类型			批准设立机关				
组织机构代码			批准设立证明或文件号				
开业（设立）日期		生产经营期限		证照名称		证照号码	
注册地址			邮政编码		联系电话		
生产经营			邮政编码		联系电话		
核算方式	请选择对应项目打“√” □独立核算 □非独立核算				从业人数	____其中外籍人数____	
单位性质	请选择对应项目打“√” □企业 □事业单位 □社会团体 □民办非企业单位 □其他						
网站网址			国标行业	□□□□ □□□□ □□□□ □□□□			
适用会计制度	请选择对应项目打“√” □企业会计制度 □小企业会计制度 □金融企业会计制度 □行政事业单位会计制度						
经营范围		请将法定代表人（负责人）身份证件复印件粘贴在此处。					

项目 内容 联系人	姓名	身份证件 种类	身份证件 号码	固定电话	移动电话	电子邮箱
法定代表人（负责人）						
财务负责人						
办税人						

税务代理人名称	纳税人识别号	联系电话	电子邮箱

注册资本或投资总额（人民币）	币种	金额	币种	金额	币种	金额

投资方名称	投资方经济性质	投资比例	证件种类	证件号码	国籍或地址

自然人投资比例		外资投资比例		国有投资比例	
分支机构名称		注册地址		纳税人识别号	

总机构名称		纳税人识别号	
注册地址		经营范围	
法定代表人姓名		联系电话	注册地址邮政编码

代扣代缴代收代缴税款业务情况	代扣代缴、代收代缴税款业务内容	代扣代缴、代收代缴税种

附报资料：		
经办人签章： 年 月 日	法定代表人（负责人）签章： 年 月 日	纳税人公章： 年 月 日

二、变更税务登记

《税务登记证》上记载的事项发生变化时，必须办理税务登记变更手续。

（一）变更税务登记的事项

变更税务登记的事项如表 1-3 所示。

表 1-3　需要变更税务登记的事项

1）改变纳税人名称；	7）增减注册资金（资本）；
2）变更法定代表人；	8）改变隶属关系；
3）改变企业注册类型；	9）改变生产经营期限；
4）增设或撤销分支机构；	10）改变或增减银行账号；
5）改变住所或经营地点；	11）改变其他内容的。
6）改变经营范围或经营方式；	

（二）变更税务登记应提供的资料

变更税务登记应提供的资料如表 1-4 所示。

表 1-4　变更税务登记应提供的资料

项　目	应提供的资料
变更内容与工商登记内容无关的	1）变更税务登记申请书； 2）变更税务登记内容的决议及有关证明资料； 3）其他有关资料
变更内容与工商登记内容有关的	1）《税务登记变更表》； 2）变更后的营业执照原件及复印件； 3）纳税人变更登记内容的决议及有关证明文件，涉及变更法人代表（负责人）的应提供变更后的法人代表（负责人）的身份证原件及复印件一份； 4）企业组织代码证原件及复印件； 5）税务机关的原税务登记证件（登记证正副本和登记表等）； 6）其他有关资料

（三）变更税务登记的流程

变更税务登记的流程如图 1-11 所示。

（四）税务登记变更办理

纳税人税务登记的内容发生变化时，应在规定的时间，依法向原税务登记机关申报办理变更税务登记。办理时间如下：

1）纳税人变更的内容涉及工商营业执照内容的，应当自工商行政管理机构变更登记之日起 30 日内，向原税务登记机关申报办理变更税务登记。

2）纳税人变更的内容与工商营业执照登记的内容无关的，应当自税务登记的内容实际发生变化之日起 30 日内，向原税务登记机关申报办理变更税务登记。

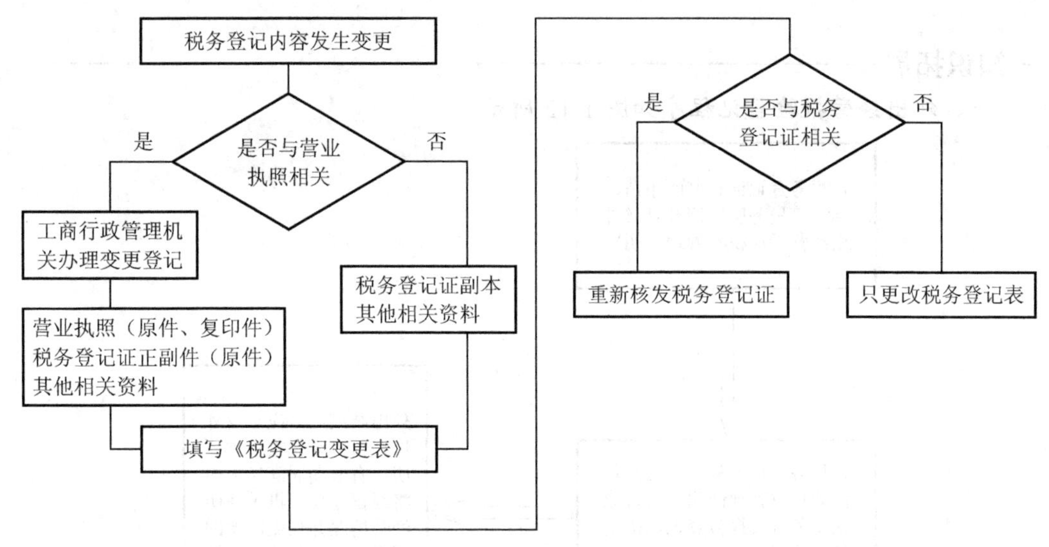

图 1-11 变更税务登记流程

纳税人办理税务登记变更时，除了要提供表 1-4 所列示的相关资料外，还需填写税务登记变更表，税务登记变更表如表 1-5 所示。

表 1-5 税务登记变更表

纳税人识别号：□□□□□□□□□□□□□□□

纳税人名称：　　　　　　　　　　　　法定代表人：

变更登记事项			
序号	变更项目	变更前内容	变更后内容
送缴证件情况：			
纳税人（盖章）： 法定代表人（负责人）：　办税人员：　填表日期：　年　月　日			
主管税务机关审批意见： （公章） 负责人：　经办人：　审批日期：　年　月　日			

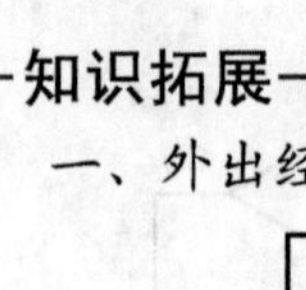

知识拓展

一、外出经营报验登记程序如图 1-12 所示。

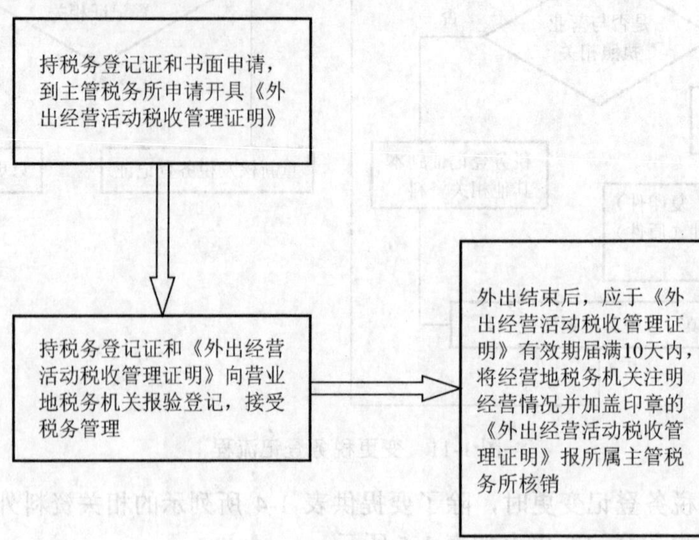

图 1-12 外出经营报检登记程序

二、停业、复业登记

（一）停业、复业登记流程

停业、复业登记流程如图 1-13 所示。

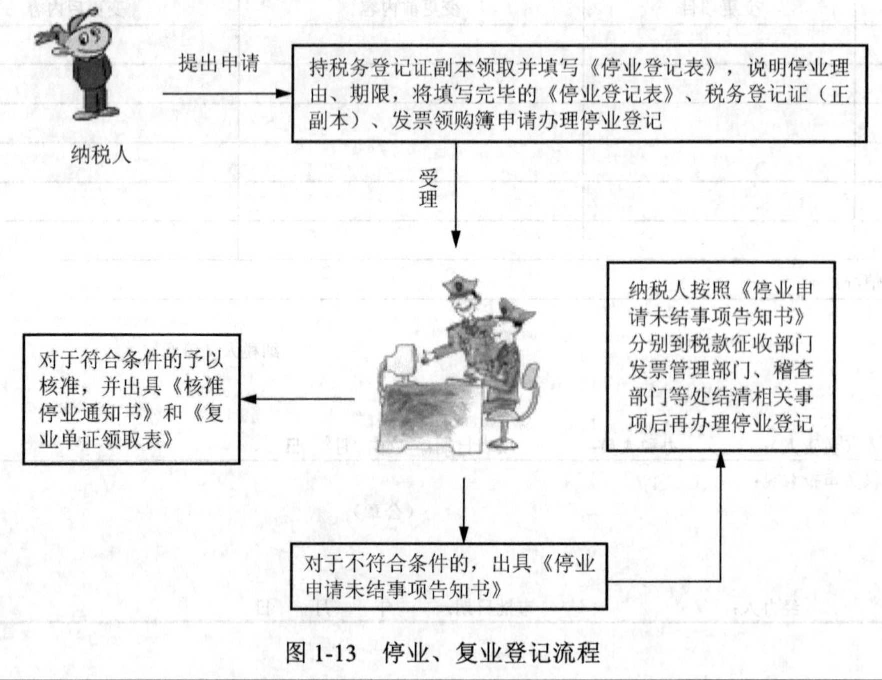

图 1-13 停业、复业登记流程

知识拓展

（二）停业登记表

停业登记表如表 1-6 所示。

表 1-6　停业登记表

纳税人识别号：□□□□□□□□□□□□□□□

纳税人名称：

<table>
<tr><td colspan="5">停业原因：</td></tr>
<tr><td rowspan="2">批准机关</td><td>名　　称</td><td colspan="3"></td></tr>
<tr><td>批准文号及日期</td><td colspan="3"></td></tr>
<tr><td>申请停业期限</td><td colspan="4">年　月　日至　年　月　日</td></tr>
<tr><td colspan="5">纳税人（签章）
法定代表人（负责人）　办税人员：　年　月　日</td></tr>
<tr><td colspan="5">以下有税务机关填写</td></tr>
<tr><td rowspan="5">发票管理环节封存发票情况</td><td>发票名称</td><td></td><td></td><td></td></tr>
<tr><td>结存发票数量</td><td></td><td></td><td></td></tr>
<tr><td>起止号码</td><td></td><td></td><td></td></tr>
<tr><td>发票领购簿名称</td><td></td><td></td><td></td></tr>
<tr><td colspan="4">负责人：　经办人：年　月　日</td></tr>
<tr><td>稽查环节清算情况</td><td colspan="4">负责人：　经办人：年　月　日</td></tr>
<tr><td>征收环节结算清缴税款情况</td><td colspan="4">负责人：　经办人：年　月　日</td></tr>
<tr><td rowspan="5">登记管理环节审核意见</td><td>封存税务</td><td></td><td></td><td></td></tr>
<tr><td>机关发放</td><td></td><td></td><td></td></tr>
<tr><td>证件情况</td><td></td><td></td><td></td></tr>
<tr><td>核准停业期限</td><td colspan="3">年　月　日至　年　月　日</td></tr>
<tr><td colspan="4">负责人：　经办人：年　月　日</td></tr>
<tr><td>批准意见</td><td colspan="4">主管税务机关：
（公章）
局长签字：　年　月　日</td></tr>
</table>

知识拓展

三、注销税务登记办理

（一）企业注销税务登记的几种情况

1）依法解散、合并、兼并、分立、长期停业、依法破产，而依法终止纳税义务。
2）被工商行政管理机关吊销营业执照。
3）因住所、经营地点变动（跨市）而涉及改变税务登记机。
4）被税务机关确认为非正常户超过三个月的。
5）其他注销原因。

（二）注销税务登记的流程

注销税务登记的流程如图 1-14 所示。

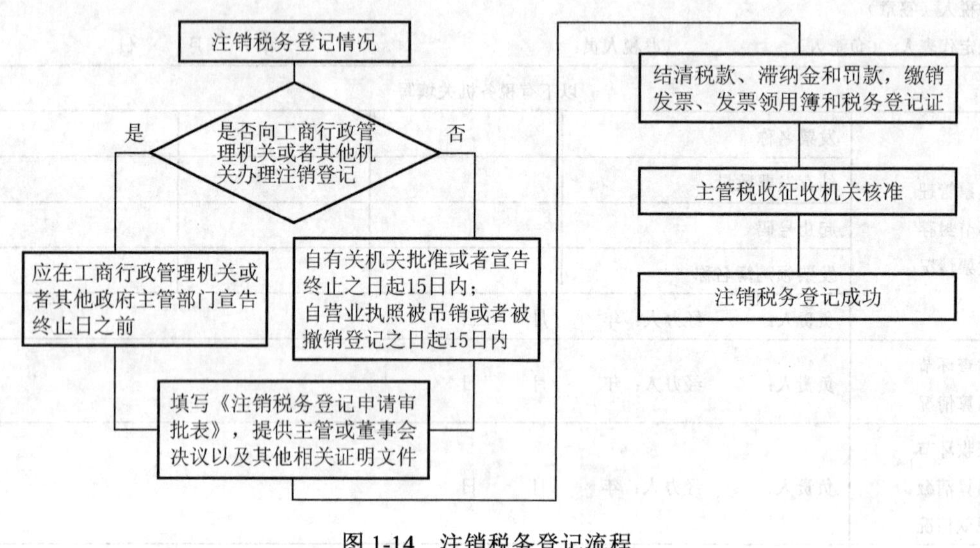

图 1-14　注销税务登记流程

（三）注销税务登记申请审批表

纳税人需要注销税务登记，应当在向工商行政管理部门或其他机关办理注销登记之前，有关部门批准或宣告终止之日起 15 日内，向原税务登记的机关填写《注销税务登记申请审批表》并提交相关证明文件和资料，结清应纳税款、多退（免）税款、滞纳金和罚款，缴销发票、税务登记证件和其他税务证件，经税务机关核准后，办理注销税务登记手续。《注销税务登记申请审批表》如表 1-7 所示。

知识拓展

表 1-7 注销税务登记申请审批表

纳税人识别号：□□□□□□□□□□□□□□□

纳税人名称： 是否双定户□ 是否一般纳税人□

<table>
<tr><td>联系地址</td><td colspan="3"></td><td>联系电话</td><td colspan="2"></td></tr>
<tr><td>注销原因</td><td colspan="6"></td></tr>
<tr><td rowspan="2">批准机关</td><td>名 称</td><td colspan="5"></td></tr>
<tr><td>批准文号</td><td colspan="2"></td><td>批准日期</td><td colspan="2"></td></tr>
<tr><td colspan="2">迁入地税务机关代码</td><td></td><td colspan="2">迁入地税务机关名称</td><td colspan="2"></td></tr>
<tr><td>迁入地址</td><td colspan="6"></td></tr>
<tr><td colspan="7">法定代表人（负责人）：
纳税人（签章）：
办税人员： 填表日期： 年 月 日</td></tr>
<tr><td colspan="7">以 下 由 税 务 机 关 填 写</td></tr>
<tr><td>实际经营期限</td><td colspan="3"></td><td>已享受税收优惠</td><td colspan="2"></td></tr>
<tr><td>税政部门
清缴情况</td><td colspan="6">意见：
负责人： 经办人： 年 月 日</td></tr>
<tr><td rowspan="7">发票管理
环节缴销
发票情况</td><td>序号</td><td>发票种类</td><td>发票代码</td><td>购领发票数量</td><td>已使用发票数量</td><td>起止号码</td></tr>
<tr><td></td><td></td><td></td><td></td><td></td><td></td></tr>
<tr><td></td><td></td><td></td><td></td><td></td><td></td></tr>
<tr><td>序号</td><td>证件名称</td><td>数 量</td><td colspan="2">证 件 号 码</td><td>顺 序 号</td></tr>
<tr><td></td><td></td><td></td><td colspan="2"></td><td></td></tr>
<tr><td colspan="6">负责人： 经办人： 年 月 日</td></tr>
<tr><td>稽查环节
清算情况</td><td colspan="6">意见：
负责人： 经办人： 年 月 日</td></tr>
<tr><td>征收环节结算
清算税款情况</td><td colspan="6">意见：
负责人： 经办人： 年 月 日</td></tr>
<tr><td rowspan="4">登记管理
环节审核
意 见</td><td rowspan="3">封存
证件
情况</td><td>序号</td><td>证件名称</td><td>数 量</td><td>证件号码</td><td>证件顺序号</td></tr>
<tr><td></td><td></td><td></td><td></td><td></td></tr>
<tr><td></td><td></td><td></td><td></td><td></td></tr>
<tr><td colspan="6">负责人： 经办人： 年 月 日</td></tr>
<tr><td>序号</td><td colspan="2">分支机构纳税人识别号</td><td>分支机构纳税人名称</td><td>注销情况</td><td colspan="2">主管税务机关</td></tr>
<tr><td></td><td colspan="2"></td><td></td><td></td><td colspan="2"></td></tr>
<tr><td>批准
意见</td><td colspan="6">审批结果：
主管税务机关： （公章）
审批人： 审批日期： 年 月 日</td></tr>
</table>

任务3 税种认定登记和领购发票的办理

税种认定是指税务机关根据纳税人的生产经营范围及其所拥有的财产等情况，认定并录入纳税人所适用的税种、税目、税率、报缴税款期限、征收方式和缴库方式的一种登记手续，以指导纳税人、扣缴义务人办理纳税事宜。

发票是企业在购销业务、提供或接受劳务过程中取得的收付款的合法原始凭证。税务机关是发票主管部门，负责发票印制、领购、开具、取得、保管、缴销的管理和监督工作。

企业为确保日后为自己应税行为及时准确完成纳税义务，必须事先做好税种登记和发票领购事项。

工作任务

税种登记和领购发票的办理

李小萌跟随会计李琳完成税务登记业务后第二天上班时，他迫不及待地问李琳，企业办完税务登记后，下一步应做哪些涉税工作呢？李琳告诉他，下一步应当办理税种认定和发票领购手续。她还给李小萌留下两个问题，让他通过查阅资料给出答案，这些问题是：

1. 如何办理税种登记手续？
2. 如何办理发票领购事项？

一、税种认定登记的办理

（一）提出申请

首次申请税种认定登记应在领取《税务登记证》之后申报纳税之前，填写《纳税人税种登记表》，见表1-8。

纳税人变更税务登记的内容涉及税种、税目、税率变化的，应在变更税务登记后重新申请税种认定登记，并报送申请报告。

（二）税务机关鉴定登记

税务机关受理纳税人报送的《纳税人税种登记表》及相关资料后，经调查审核，对纳税人适用的税种、税目、税率、纳税期限、纳税方式做出确认，在《纳税人税种登记表》有关栏目中注明或书面通知纳税人认定结果，作为以后办税依据。

纳税人登记范围涉及国税、地税两套税务机构的，应分别办理税种认定手续。

表 1-8　纳税人税种登记表

纳税人识别号：

纳税人名称：　　　　　　　　　　　　　　填表日期：

<table>
<tr><td colspan="6">一、增值税</td></tr>
<tr><td rowspan="2">类别</td><td rowspan="2">1.销售货物
2.加工
3.修理修配
4.其他</td><td rowspan="2">货物或项目名称</td><td>主营</td><td colspan="2"></td></tr>
<tr><td>兼营</td><td colspan="2"></td></tr>
<tr><td colspan="2">纳税人认定情况</td><td colspan="4">1.增值税一般纳税人 □　2.小规模纳税人 □
3.暂定增值税一般纳税人 □</td></tr>
<tr><td colspan="2">经营方式</td><td colspan="4">1.境内经营货物 □　2.境内加工修理 □　3.自营出口 □
4.间接出口 □　5.收购出口 □　6.加工出口 □</td></tr>
<tr><td colspan="6">备注：</td></tr>
<tr><td colspan="6">二、消费税</td></tr>
<tr><td>类别</td><td>1.生产
2.委托加工
3.零售</td><td colspan="2">应税消费品名称</td><td colspan="2">1.烟 □　2.酒及酒精 □　3.化妆品 □
4.高尔夫球及球具 □　5.贵重首饰及珠宝玉石 □
6.鞭炮、烟火 □　7.成品油 □　8.摩托车 □
9.一次性木质筷子 □　10.汽车轮胎 □
11.小汽车 □　12.游艇 □
13.实木地板 □　14.高档手表 □</td></tr>
<tr><td colspan="2">经营方式</td><td colspan="4">1.境内销售 □　2.委托加工出口 □
3.自营出口 □　4.境内委托加工 □</td></tr>
<tr><td colspan="6">备注：</td></tr>
<tr><td colspan="6">三、营业税</td></tr>
<tr><td colspan="2" rowspan="2">经营项目</td><td>主营</td><td colspan="3"></td></tr>
<tr><td>兼营</td><td colspan="3"></td></tr>
<tr><td colspan="6">备注：</td></tr>
<tr><td colspan="6">四、企业所得税、外商投资企业和外国企业所得税</td></tr>
<tr><td colspan="2">法定或申请纳税方式</td><td colspan="4">1.按实纳税 □　2.核定利润率计算纳税 □
3.按经费支出换算收入计算纳税 □　4.按佣金率换算收入纳税 □
5.航空、海运企业纳税方式 □　6.其他纳税方式 □</td></tr>
<tr><td colspan="2">非生产性收入占总收入的比例%</td><td colspan="4"></td></tr>
<tr><td colspan="6">备注：季度预缴方式：1.按上年度四分之一 □　2.按每季度实际所得 □</td></tr>
<tr><td colspan="6">五、资源税</td></tr>
<tr><td colspan="2">产品名称</td><td colspan="2"></td><td>应税项目</td><td></td></tr>
<tr><td colspan="6">备注：</td></tr>
<tr><td colspan="6">六、土地增值税</td></tr>
<tr><td colspan="6">七、房产税</td></tr>
<tr><td colspan="2">计　税　类　别</td><td colspan="4">1.自有房产 □　2.出租房产 □</td></tr>
<tr><td colspan="6">备注：</td></tr>
<tr><td colspan="6">八、车船税</td></tr>
<tr><td colspan="2">车　船　类　别</td><td colspan="4">1.机动船 □　2.非机动船 □　3.机动车 □　4.非机动车 □</td></tr>
<tr><td colspan="6">九、屠宰税</td></tr>
<tr><td colspan="2">屠　宰　类　别</td><td colspan="4">1.猪 □　2.牛 □　3.羊 □</td></tr>
<tr><td colspan="6">备注：</td></tr>
</table>

续表

十、城镇土地使用税		
税额类别	1.大城市 □ 2.中等城市 □ 3.小城市 □ 4.县城、建制镇、工矿区 □	
备注:		
十一、城市维护建设税	1.市区 □ 2.县城镇 □	3.其他 □
十二、教育费附加		
十三、基金		
十四、矿区使用费		
原　油	不超过一百万吨 □	一百万吨至一百五十万吨 □
	一百五十万吨至二百万吨 □	二百万吨至三百万吨 □
	三百万吨至四百万吨 □	四百万吨以上 □
天然气	不超过二十亿立方米 □	二十亿至三十五亿立方米 □
	三十五亿至五十亿立方米 □	五十亿立方米以上 □
预缴方式	分次 □	分期 □
十五、其他税		

以上内容纳税人必须如实填写，如内容发生变化，应及时办理变更登记。

以下由税务机关填写

税种	税目或品目	子目	申报期限	纳税期限	征收率或单位税额	征收项目分类	申报方式	征缴方式	预算款名	预算项名	级次分配比例					是否单独纳税
											中央	省	市	县、区	乡、街	
鉴定人		鉴定日期		录入人		录入日期										

二、发票领购

（一）发票种类

发票的种类繁多，可按不同的标准分类。发票主要是按行业特点和纳税人的生产经营项目分类，可分为以下几种。

1）增值税专用发票，它是由国家税务总局监制设计印制的，只限于增值税一般纳税人领购使用的。它既作为纳税人反映经济活动中的重要会计凭证，又是兼记销货方纳税义务和购货方进项税额的合法证明。它是增值税计算和管理中重要的、决定性的、合法的专用发票。

2）普通发票，主要由营业税纳税人和增值税小规模纳税人使用，增值税一般纳税人在不能开具专用发票的情况下也可使用普通发票。普通发票由行业发票和专用发票组成。前者适用于某个行业和经营业务，如商业零售统一发票、商业批发统一发票、工业企业产品销售统一发票等；后者仅适用于某一经营项目，如广告费用结算发票，商品房销售发票等。普通发票的基本联次为三联：第一联为存根联，开票方留存备查用；第二联为发票联，收执方作为付款或收款原始凭证；第三联为记账联，开票方作为记账原始凭证。

（二）发票领购申请

1）依法办理了税务登记的单位和个人，在领取《税务登记证》后，可以向主管税务机关申领发票。

2）不需依法办理税务登记的单位和个人，发生临时经营业务需要使用发票的，可持单位介绍信和其他有效证件，申请税务机关代开发票。

3）申请领购发票的，应当向主管税务机关提出购票申请，提供办税人身份证明、《税务登记证》或者其他有关证明、发票专用章的印模或财务印章，经主管税务机关审核后，发给《发票领购簿》。领票单位和个人凭《发票领购簿》上核准的发票种类、数量及购票方式向主管税务机关领购发票。

纳税人初次领购发票，应填写《发票领购申请审批表》（见表1-9），持《发票领购簿》、办税人身份证明、《税务登记证》、发票专用章的印模或财务印章办理。

再次领购发票时，应按税务发票保管和使用规定，认真审查发票存根联的各项内容，对于发现的问题应及时纠正，并到税务机关办理领用手续。

表1-9　发票领购申请审批表

纳税人税务登记号 □□□□□□□□□□□□□□□□□□

纳税人电脑编码 □□□□□□□□□□□

<table>
<tr><td>纳税人名称</td><td colspan="7"></td></tr>
<tr><td>主营范围</td><td colspan="7"></td></tr>
<tr><td>兼营范围</td><td colspan="7"></td></tr>
<tr><td>发票经办人姓名</td><td></td><td>身份证号码</td><td colspan="3"></td><td>电话</td><td></td></tr>
<tr><td colspan="2">发票名称</td><td>编　码</td><td colspan="2">申请数量（本或份）</td><td>每月用量</td><td colspan="2">原核定用量（申请增减数量时填写）</td></tr>
<tr><td colspan="2"></td><td></td><td colspan="2"></td><td></td><td colspan="2"></td></tr>
<tr><td colspan="2"></td><td></td><td colspan="2"></td><td></td><td colspan="2"></td></tr>
<tr><td colspan="3">申请理由：
□ 初次申请领购发票
□ 经营情况变化，申请增减发票
申请人盖章
年　月　日</td><td colspan="2">申请人财务专用章或发票专用章印模</td><td colspan="3"></td></tr>
<tr><td colspan="8">以下由税务机关填写</td></tr>
<tr><td>保证形式</td><td></td><td>保证金额</td><td colspan="2"></td><td>保证期限</td><td colspan="2"></td></tr>
<tr><td>发票编码</td><td>发票名称</td><td>供票方式</td><td>供票期限</td><td colspan="4">每月（次）供票量</td></tr>
<tr><td></td><td></td><td></td><td></td><td colspan="4"></td></tr>
<tr><td></td><td></td><td></td><td></td><td colspan="4"></td></tr>
<tr><td>发票管理部门审批意见</td><td colspan="7">（盖章）
经办人：　　负责人：　　年　月　日</td></tr>
</table>

思考与练习

一、单项选择题

1．目前我国税务机构设置为国家税务系统和（　　）系统。

A．地税　　B．海关　　C．财政　　D．行政管理

2．下列税种中，属于国税系统征收的有（　　）。

A．印花税　　B．消费税　　C．房产税　　D．关税

3．从事生产经营活动的纳税人应当自领取营业执照之日起（　　）日内到主管税务机关办理开业税务登记。

A．10　　B．20　　C．60　　D．30

4．办理哪些事项不必携带税务登记证件？

A．在银行申请开户　　B．缴纳税款

C．申请减免税　　D．办理营业执照

5．下列属于流转税的有（　　）。

A．关税　　B．资源税

C．个人所得税　　D．房产税

二、多项选择题

1．发票领购包括（　　）。

A．用票人初次领购　　B．纳税人作废发票

C．用票人再次领购　　D．纳税人认证发票

2．我的征税机关有（　　）。

A．海关　　B．税务机关

C．财政部门　　D．政府机关

3．需要进行税务登记的有（　　）。

A．停业　　B．新成立公司

C．企业破产　　D．企业注册资金变化

4．所得税包括（　　）。

A．企业所得税　　B．个人所得税

C．独资企业所得税　　D．外商企业所得税

5．企业发生下列哪些情况可以办理注销税务登记（　　）。

A．依法解散、合并、兼并、分立、长期停业、依法破产，而依法终止纳税义务

B．被工商行政管理机关吊销营业执照

C．因住所、经营地点变动（跨市）而涉及改变税务登记机

D．被税务机关确认为非正常户超过三个月的

实　训

一、实训目的

了解企业开业、变更税务登记等有关规定，掌握企业在开业、变更等情况下的税务登记方法。

二、实训要求

1）根据所给模拟企业的资料填写开业税务登记表，准备企业开业进行税务登记所需提供的材料。

2）根据所给模拟企业的资料填写税务变更登记表，准备企业变更税务登记时所需提供的材料。

三、实训资料

1. 企业开业基本情况

企业名称：陕西爱家装饰材料有限公司
财务负责人：童梅
纳税人识别号：610198719754012
开户银行及账号：工行西安市朱雀路支行　370001902900050057
企业地址及电话：西安市太白南路 171 号　029-85637788
办税人员及发票专管人员：张玲
该公司投资人及投资比例见表 1-10。

表 1-10　企业投资情况表

投资方名称	投资金额/万元	所占投资比例/%
张长伟	100	20
林家辉	130	30
西安温馨装饰公司	250	50

2. 企业开业相关资料

1）企业法人营业执照副本，如图 1-15 所示。
2）企业组织机构代码证副本，如图 1-16 所示。
3）开户许可证，如图 1-17 所示。

企业法人营业执照

（副　本）

注册号　6101021065590（1-1）

名　　　　称　陕西爱家装饰材料有限公司

住　　　　所　西安市太白南路171号

法定代表人姓名　王　鹏

注　册　资　本　伍佰万圆整

实　收　资　本　伍佰万圆整

公　司　类　型　有限责任公司

经　营　范　围　生产、加工、销售木地板

成　立　日　期　二〇〇五年三月一日

营　业　期　限　自二〇〇五年三月一日至

须　知

1.《企业法人营业执照》是企业取得企业法人资格和合法经营的凭证。
2.《企业法人营业执照》分正本和副本，正本和副本具有同等法律效力。
3. 营业执照正本应放在企业法人住所醒目的位置。
4.《企业法人营业执照》不得伪造、涂改、出租、出借、转让。
5. 登记事项发生变化，应当向公司登记机关申请变更登记，换发《企业法人营业执照》。
6. 每年三月一日至六月三十日，应当参加年度检验。
7.《企业法人营业执照》被吊销后，不得开展与清算无关的经营活动。
8. 办理注销登记，应当交回正本和副本。
9.《企业法人营业执照》遗失或者损坏的，应当在公司登记机关制定的报刊上声明作废，申请补领。

年度检验情况

二〇〇五年三月一日

图1-15　企业法人营业执照副本

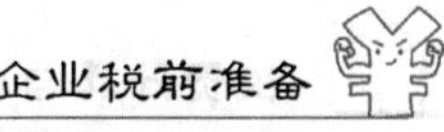

中华人民共和国
组织机构代码证
（副 本）

代　　码：71975401-2

机构名称：陕西爱家装饰材料有限公司

机构类型：法定代表人 王鹏

地　　址：西安市太白南路171号

有 效 期：自2005年03月01日至2009年03月01日

颁发单位：陕西省质量技术监督局

登 记 号：组管代码610000-090175-1

说　　明

1. 中华人民共和国组织机构代码是组织机构在中华人民共和国境内唯一的，始终不变的法定代码标识，《中华人民共和国组织机构代码证》是组织机构法定代码标识的凭证，分正本和副本。
2. 《中华人民共和国组织机构代码证》不得出租、出借、冒用、转让、伪造、变造、非法买卖。
3. 《中华人民共和国组织机构代码证》登记项目发生变化时，应向发证机关申请变更登记。
4. 各组织机构应当按有关规定，接受发证机关的年度检验。
5. 组织机构依法注销、撤消时，应向原发证机关办理注销登记，并交回全部代码证。

中华人民共和国 国家质量监督检验检疫总局

年检记录

NO. 2005 3922212

图 1-16　企业组织机构代码证副本

开户许可证

核准号：J7910002820502　　　　编号：7910-00086368

经审核，陕西爱家装饰材料有限公司 **符合开户条件，准予开立基本存款账户。**

法定代表人（单位负责人）　王　鹏　　开户银行　工行西安市朱雀路支行

账　　号　3700019029000500578

发证机关（盖章）

2005 年 03 月 01 日

图 1-17　公司开户许可证

根据实训资料 1 和 2，需在 2005 年 4 月 1 日之前，填写开业税务登记表，并准备开业税务登记所需其他资料，办理开业税务登记事项。开业税务登记表，如表 1-11 所示。

3. 企业注册信息变更情况

2007 年 12 月 20 日经公司董事会批准同意，经营地址变更为：西安市太白北路 86 号。企业变更后的企业法人营业执照及组织代码证如图 1-18、图 1-19 所示。

表 1-11　税务登记表

（适合单位纳税人）

填表日期：

税人名称		纳税识别号					
登记注册类型		批准设立机关					
组织机构代码		批准设立证明或文件号					
开业（设立）日期		生产经营期限		证照名称		证照号码	
注册地址				邮政编码		联系电话	
生产经营地址				邮政编码		联系电话	
核算方式	请选择对应项目打“√”□独立核算 □非独立核算			从业人数		其中外籍人数	
单位性质	请选择对应项目打“√”□企业　□事业单位　□社会团体　□民办非企业单位　□其他						
网站网址				国标行业	□□□□　□□□□　□□□□　□□□□		
适用会计制度	请选择对应项目打“√” □　企业会计制度　□　小企业会计制度　□　金融企业会计制度　□　行政事业单位会计制度						
经营范围	请将法定代表人（负责人）身份证件复印件粘贴在此处。						

项目 内容 联系人	姓　名	身份证件：种类	身份证件：号码	固定电话	移动电话	电子邮箱
法定代表人（负责人）						
财务负责人						
办税人						

税务代理人名称	纳税人识别号	联系电话	电子邮箱

注册资本或投资总额（人民币）	币种	金额	币种	金额	币种	金额

投资方名称	投资方经济性质	投资比例	证件种类	证件号码	国籍或地址

自然人投资比例		外资投资比例		国有投资比例	
分支机构名称		注册地址		纳税人识别号	

总机构名称		纳税人识别号	
注册地址		经营范围	
法定代表人姓名	联系电话	注册地址邮政编码	

代扣代缴代收代缴税款业务情况	代扣代缴、代收代缴税款业务内容	代扣代缴、代收代缴税种

附报资料：		
经办人签章： ____年____月____日	法定代表人（负责人）签章： ____年____月____日	纳税人公章： ____年____月____日

以下由税务机关填写：

纳税人所处街乡				隶属关系	
国税主管税务局		国税主管税务所（科）		是否属于国税、地税共管户	
地税主管税务局		地税主管税务所（科）			
经办人(签章)： 国税经办人：________ 地税经办人：________ 受理日期： ____年____月____日	国家税务登记机关 （税务登记专用章）： 核准日期： ____年____月____日 国税主管税务机关：			地方税务登记机关 （税务登记专用章）： 核准日期： ____年____月____日 地税主管税务机关：	
国税核发《税务登记证副本》数量：　本　发证日期：　年　月　日					
地税核发《税务登记证副本》数量：　本　发证日期：　年　月　日					

企业法人营业执照

（副　本）

注册号　6101021065590（1-1）

名　　　　称　陕西爱家装饰材料有限公司

住　　　　所　西安市太白南路 86 号

法定代表人姓名　王　鹏

注 册 资 本　伍佰万圆整

实 收 资 本　伍佰万圆整

公 司 类 型　有限责任公司

经 营 范 围　生产、加工、销售木地板

成 立 日 期　二〇〇五年三月一日

营 业 期 限　自二〇〇五年三月一日至

须　知

1.《企业法人营业执照》是企业取得企业法人资格和合法经营的凭证。

2.《企业法人营业执照》分正本和副本，正本和副本具有同等法律效力。

3. 营业执照正本应放在企业法人住所醒目的位置。

4.《企业法人营业执照》不得伪造、涂改、出租、出借、转让。

5. 登记事项发生变化，应当向公司登记机关申请变更登记，换发《企业法人营业执照》。

6. 每年三月一日至六月三十日，应当参加年度检验。

7.《企业法人营业执照》被吊销后，不得开展与清算无关的经营活动。

8. 办理注销登记，应当交回正本和副本。

9.《企业法人营业执照》遗失或者损坏的，应当在公司登记机关制定的报刊上声明作废，申请补领。

年度检验情况

二〇〇七年十二月二十五日

图 1-18　企业法人营业执照副本（变更后）

中华人民共和国
组织机构代码证
（副 本）

代　　码：71975401-2

机构名称：陕西爱家装饰材料有限公司

机构类型：法定代表人 王鹏

地　　址：西安市太白北路 86 号

有 效 期：自2005年03月01日至2009年03月01日

颁发单位：陕西省质量技术监督局

登 记 号：组管代码610000-090175-1

说　　明

1. 中华人民共和国组织机构代码是组织机构在中华人民共和国境内唯一的，始终不变的法定代码标识。《中华人民共和国组织机构代码证》是组织机构法定代码标识的凭证，分正本和副本。
2. 《中华人民共和国组织机构代码证》不得出租、出借、冒用、转让、伪造、变造、非法买卖。
3. 《中华人民共和国组织机构代码证》登记项目发生变化时，应向发证机关申请变更登记。
4. 各组织机构应当按有关规定，接受发证机关的年度检验。
5. 组织机构依法注销、撤销时，应向原发证机关办理注销登记，并交回全部代码证。

中华人民共和国
国家质量

年检记录

年 月 日	年 月 日	年 月 日	年 月 日

NO. 2005 3922212

图 1-19　组织代码证（变更后）

根据企业变更信息资料，填写税务登记变更表并准备其他相关资料办理税务登记变更事宜。税务登记变更表如表 1-12 所示。

表 1-12　税务登记变更表

纳税人识别号：□□□□□□□□□□□□□□□

纳税人名称：　　　　　　　　　　法定代表人：

变更登记事项			
序号	变更项目	变更前内容	变更后内容
送缴证件情况：			
纳税人（盖章）： 法定代表人（负责人）：　办税人员：　填表日期：　年　月　日			
主管税务机关审批意见： （公章） 负责人：　经办人：　审批日期：　年　月　日			

项目2

增值税计算与申报

项目介绍

✧ 增值税是对在我国境内销售货物或提供加工、修理修配劳务及进口货物的单位和个人，就其货物销售或提供劳务的增值额和货物进口金额为依据计算税款，并采取税款抵扣办法征收的一种税。增值税是我国流转税类的第一大税种，也是我国税收体系中最主要的税种。作为企业税务岗位的人员，必须全面掌握增值税的征收范围、纳税人、应缴税额的计算、纳税申报等工作。

能力目标

✧ 能够准确计算增值税小规模纳税人应缴纳的增值税。
✧ 能够准确计算一般纳税人的销项税额、能够抵扣的进项税额及应缴的增值税金额。
✧ 会填写小规模纳税人纳税申报表。
✧ 会填写一般纳税人增值税纳税申报表及附表。
✧ 能够完成增值税的纳税申报。

知识目标

✧ 了解增值税的概念，熟悉增值税征税范围、纳税人、税率等。
✧ 掌握准予抵扣和不能抵扣进项税额的项目。
✧ 掌握应缴增值税的计算方法。
✧ 掌握抄报税的流程和要求。

社会目标

✧ 具有诚信的品格和较强的责任感。
✧ 具有依法纳税的意识和严谨细致的工作态度。
✧ 具有良好的语言表达能力、职业沟通能力和协调能力。

任务1　增值税计算和申报的知识准备

我国现行增值税法的基本规范是2008年11月10日国务院颁布的《中华人民共和国增值税暂行条例》。为了保证企业准确、及时完成增值税的计算申报与缴纳工作，作为企业会计或办税人员，必须全面掌握增值税的征税范围、纳税义务人、税率、一般纳税人资格认定与管理等基本知识。

工作任务

增值税计算和申报的知识准备

李小萌所在企业主要从事电子产品的批发、零售业务。随着业务的展开，他们要进行税款的计算和申报工作。李小萌问李琳："我们下月在国税申报缴纳的税种是增值税吗？要完成增值税的纳税申报缴纳工作，我应该掌握哪些必备的知识？"

一、增值税的征收范围

（一）征收范围的一般规定

1）销售或者进口的货物。

2）提供的加工、修理修配劳务。

小提示

1）货物是指有形动产，包括电力、热力、气体在内。销售货物是指有偿转让货物的所有权。

2）加工是指受托加工货物，即委托方提供原材料及主要材料，受托方按照委托方的要求制造货物并收取加工费的业务。

3）修理修配是指受托方对损伤和丧失功能的货物进行修复，使其恢复原状和功能的业务。

4）提供加工、修理修配劳务（以下称应税劳务），是指有偿提供应税劳务。

5）单位或个体工商户聘用的员工为本单位或雇主提供的应税劳务，不包括在内。

（二）征收范围的特殊规定

属于征税范围的特殊项目有以下几种。

1）货物期货，应当缴纳增值税，在期货的实物交割环节纳税。

2）银行销售金银业务，应当缴纳增值税。

3）典当业销售死当物品业务和寄售业销售寄售物品业务，征收增值税。

4）集邮商品（邮票、明信片等）的生产、调拨，以及邮政部门以外的其他单位和个人销售集邮商品，征收增值税。

5）邮政部门发行报刊，征收营业税；其他单位和个人发行报刊，征收增值税。

6）电力公司向发电企业收取的过网费，应当征收增值税，不征收营业税。

（三）征税范围的特殊行为

1）视同销售行为。单位或个体经营者的下列行为，视同销售货物，应当缴纳增值税。

①将货物交由他人代销。②销售代销货物。③设有两个以上机构并实行统一核算的纳税人，将货物从一个机构移送至其他机构用于销售，但相关机构在同一县（市）的除外。④将自产或委托加工的货物用于非增值税应税项目。⑤将自产、委托加工的货物用于集体福利或个人消费。⑥将自产、委托加工或者购进的货物作为投资，提供给其他单位或者个体工商户。⑦将自产、委托加工或者购进的货物分配给股东或者投资者。⑧将自产、委托加工或者购进的货物无偿赠送其他单位或个人。

2）混合销售行为。一项销售行为如果涉及增值税货物又涉及营业税的应税劳务，则为混合销售行为。从事货物的生产、批发、零售或以货物的生产、批发、零售为主的企业、企业性单位和个体工商户的混合销售行为，视为销售货物，应当缴纳增值税；其他单位和个人的混合销售行为，不交增值税。

例如：苏宁电器公司向客户销售空调时，用自己的车辆向客户送货，并收取客户运费。在销售空调的活动中就涉及了两种应税行为：一是销售空调行为，属于增值税的征税范围，二是因销售货物而发生的运输行为，属于营业税的征税范围。苏宁电器销售空调的活动中，就发生了混合销售行为。因苏宁电器是属于零售企业，它的混合销售行为应视为销售货物，应当征收增值税。销售空调收取的货款和收取的运费一并征收增值税，运费收入不再征收营业税。

3）兼营非增值税应税行为。兼营非增值税行为是指增值税纳税人经营应税货物或提供加工、修理修配劳务的同时，还经营应纳营业税的项目的行为。纳税人兼营非增值税应税项目的，应分别核算应纳增值税的销售额和应纳营业税的营业额；未分别核算的，由主管税务机关核定。

例如：开元商厦在销售日杂等货物的同时，还提供餐饮服务。销售货物属于增值税的征税范围，餐饮服务属于营业税的征税范围。这两者没有从属（或者说是直接）关系。客户不在开元购物，也能享受开元提供的餐饮服务。开元商厦这种销售日杂等货物的同时，还提供餐饮服务的活动，就是兼营行为。

小提示

混合销售行为与兼营行为的区别

混合销售行为涉及的增值税货物和营业税劳务是针对同一项销售行为而言的，即营业税劳务是为了直接销售货物而发生的，两者之间有着紧密的从属关系。

兼营行为强调的是增值税货物与营业税行为之间没有直接的联系或没有从属关系。

4）增值税免税项目。

①农业生产者销售自产农产品免征增值税。②避孕药品和用具免征增值税。③古旧图书免征增值税。④直接用于科学研究、科学实验和教学的进口仪器、设备免征增值税。⑤外国政府、国际组织无偿援助的进口物资和设备免征增值税。⑥由残疾人的组织直接进口供残疾人专用的物品免征增值税。⑦销售自己使用过的物品免征增值税。⑧财政部、国家税务总局规定的其他免征税项目。

小提示

农业指种植业、养殖业、水产业、牧业、林业。农业生产者指从事农业生产的单位和个人。

古旧图书是指向社会收购的古书和旧书。

自己使用过的物品是指其他个人自己使用过的物品。

二、增值税纳税义务人和扣缴义务人

（一）纳税义务人

在中华人民共和国境内销售或者进口货物、提供应税劳务的单位和个人都是增值税的纳税义务人。

1）单位是指企业、行政单位、事业单位、军事单位、社会团体及其他单位。

2）个人是指个体工商户和其他个人。

3）单位租赁或者承包给其他单位或者个人经营的，以承租人或承包人为纳税人。

（二）扣缴义务人

中华人民共和国境外的单位或者个人在境内提供应税劳务，在境内未设有经营机构的，以其境内代理人为扣缴义务人；在境内没有代理人的，以购买方为扣缴义务人。

增值税纳税人按其经营规模及会计核算健全与否划分为一般纳税人和小规模纳税人，具体认定标准如表 2-1 所示。

表 2-1　增值税纳税人认定标准

纳税人	小规模纳税人	一般纳税人
基本认定标准	1. 从事货物生产或提供应税劳务的纳税人，及以其为主，兼营货物批发、零售的纳税人，年应税销售额在 50 万元（含）以下的纳税人。 2. 从事货物批发、零售的纳税人，年应税销售额在 80 万元（含）以下的。	1. 从事货物生产或提供应税劳务的纳税人，及以其为主，兼营货物批发、零售的纳税人，年应税销售额在 50 万元以上的纳税人。 2. 从事货物批发、零售的纳税人，年应税销售额在 80 万元以上的。

续表

纳税人	小规模纳税人	一般纳税人
特殊认定标准	1．年应税销售额超过小规模认定标准的其他个人（即除个体经营者以外的自然人）按小规模纳税人纳税。 2．非企业性单位、不经常发生增值税应税行为的企业可选择小规模纳税人纳税，一旦选择按小规模纳税人纳税，则税务机关不再办理其一般纳税人资格认定。	1．年应税销售额未超过小规模纳税人标准的以及新开业的纳税人，有固定的经营场所，会计核算制度健全，能够准确核算并提供销项税额、进项税额的，可以办理一般纳税人认定手续。 2．从 2004 年 8 月 1 日起，对新办的商贸企业实行纳税辅导期管理制度，辅导期一般不少于 6 个月。辅导期结束，经主管税务机关审核同意，可转正为正式一般纳税人，按正式一般纳税人管理。
认定管理	使用普通发票，采取简易方法计算应纳税额，不得抵扣进项税额。	1．增值税一般纳税人须向其机构所在地的税务机关办理认定手续，取得法定资格。 2．纳税人取得一般纳税人资格的，主管税务机关应当在一般纳税人《税务登记证》副本"资格认定"栏内加盖"增值税一般纳税人"确认专章，作为领购增值税专用发票的证件。 3．纳税人一经认定为增值税一般纳税人，不得再转为小规模纳税人。

三、增值税税率与征收率

（一）基本税率

增值税一般纳税人销售货物或者进口货物，提供加工、修理修配劳务，除低税率适用范围和销售个别旧货适用征收率外，一律为 17%。

（二）低税率

一般纳税人销售或者进口下列货物，税率为 13%。

1）粮食、食用植物油、鲜奶。

2）自来水、暖气、冷气、热水、煤气、石油液化气、天然气、沼气、居民用煤炭制品。

3）图书、报纸、杂志。

4）饲料、化肥、农药、农机、农膜。

5）农产品：指种植业、养殖业、林业、牧业、水产业生产的各种植物、动物的初级产品，即只通过简单的晒干、腌制、切片等粗略的方式制成的农产品。如面粉是初级农产品适用 13%的税率。而面条、挂面则为加工后产品，适用 17%的税率。

6）音像制品：指正式出版的录有内容的录音带、录像带、唱片、激光唱盘和激光视盘。

7）电子出版物。

8）二甲醚。

（三）零税率

纳税人出口货物，税率为零，但国务院另有规定除外。

小提示

纳税人兼营不同税率的货物或者劳务的，应分别核算不同税率货物或劳务的应税销售额。未分别核算应税销售额的，从高适用税率。

（四）征收率

增值税对小规模纳税人采用简易征收办法，对小规模纳税人适用的税率称为征收率。从2009年1月1日起，小规模纳税人的增值税征收率为3%。

小提示

其他适用征收率计征的货物

根据现行税法规定，凡是从事以下货物销售的纳税人，无论是小规模纳税人还是一般纳税人，均适用征收率计算征收增值税：

1）典当业销售死当物品、寄售商店销售寄售物品，按4%征收率计算征收增值税。

2）纳税人销售旧货，按4%的征收率计算税额后再减半征收。

3）纳税人销售自己使用过的机动车、游艇、摩托车，售价超过原值的，按4%的征收率计算税额后在减半征收；售价未超过原值的，免征增值税。

四、增值税的征收管理

（一）纳税义务发生的时间

纳税义务发生的时间是指纳税人发生应税行为应当承担纳税义务的起始时间。

1）销售货物或者应税劳务，为收讫销售款项或者取得索取销售款项凭据的当天；先开具发票的，为开具发票的当天。具体情况如下。

①采取直接收款方式销售货物，不论货物是否发出，均为收到销售款或者取得索取销售款凭据的当天。②采取托收承付和委托银行收款方式销售货物，为发出货物并办妥托收手续的当天。③采取赊销和分期收款方式销售货物，为书面合同约定的收款日期的当天，无书面合同的或者书面合同没有约定收款日期的，为货物发出的当天。④采取预收货款方式销售货物，为货物发出的当天，但生产销售生产工期超过12个月的大型机械设备、船舶、飞机等货物，为收到预收款或者书面合同约定的收款日期的当天。⑤委托

其他纳税人代销货物，为收到代销单位的代销清单或者收到全部或者部分货款的当天。未收到代销清单及货款的，为发出代销货物满180天的当天。⑥销售应税劳务，为提供劳务同时收讫销售款或者取得索取销售款的凭据的当天。

2）进口货物，为报关进口的当天。

3）增值税扣缴义务发生时间为纳税人增值税纳税义务发生的当天。

（二）纳税期限

增值税的纳税期限分别为1日、3日、5日、10日、15日、1个月或者1个季度。纳税人的具体纳税期限，由主管税务机关根据纳税人应纳税额的大小分别核定；不能按照固定期限纳税的，可以按次纳税。

纳税人以1个月或者1个季度为1个纳税期的，自期满之日起15日内申报纳税；以1日、3日、5日、10日或者15日为1个纳税期的，自期满之日起5日内预缴税款，于次月1日起15日内申报纳税并结清上月应纳税款。

扣缴义务人解缴税款的期限，依照前两款规定执行。

纳税人进口货物，应当自海关填发海关进口增值税专用缴款书之日起15日内缴纳税款。

（三）纳税地点

1）固定业户应当向其机构所在地的主管税务机关申报纳税。总机构和分支机构不在同一县（市）的，应当分别向各自所在地的主管税务机关申报纳税；经国务院财政、税务主管部门或者其授权的财政、税务机关批准，可以由总机构汇总向总机构所在地的主管税务机关申报纳税。

固定业户到外县（市）销售货物或者应税劳务，应当向其机构所在地的主管税务机关申请开具外出经营活动税收管理证明，并向其机构所在地的主管税务机关申报纳税；未开具证明的，应当向销售地或者劳务发生地的主管税务机关申报纳税；未向销售地或者劳务发生地的主管税务机关申报纳税的，由其机构所在地的主管税务机关补征税款。

2）非固定业户销售货物或者应税劳务，应当向销售地或者劳务发生地的主管税务机关申报纳税；未向销售地或者劳务发生地的主管税务机关申报纳税的，由其机构所在地或者居住地的主管税务机关补征税款。

3）进口货物，应当向报关地海关申报纳税。扣缴义务人应当向其机构所在地或者居住地的主管税务机关申报缴纳其扣缴的税款。

（四）纳税申报方式

纳税人办理纳税申报时，可自行申报，也可委托申报。无论是自行申报或是委托申报，均可采用直接申报、邮寄申报、电子申报的申报方式。各种申报方式如图2-1所示。

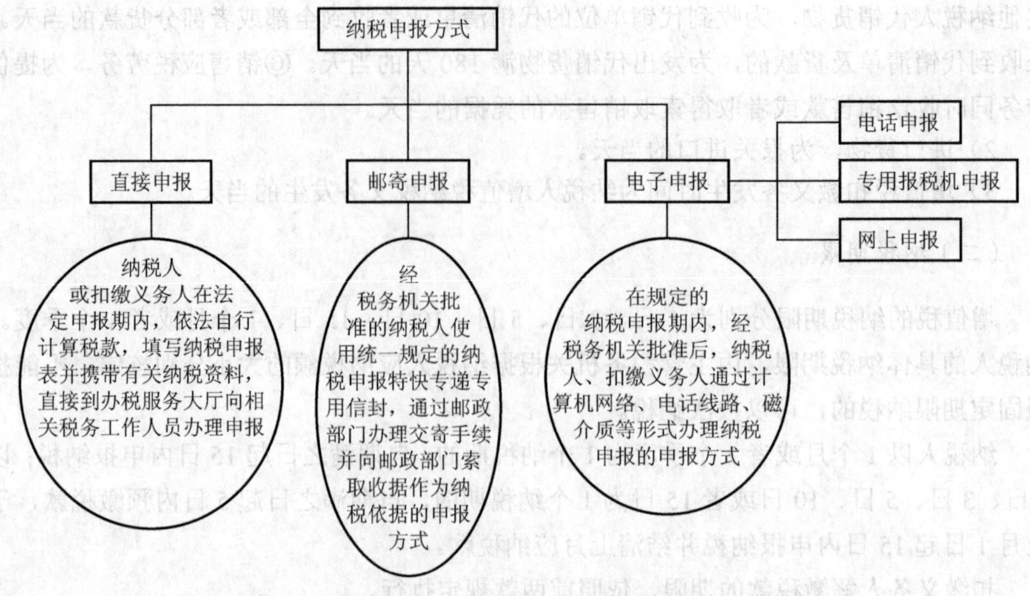

图 2-1　纳税申报方式

任务 2　小规模纳税人应纳增值税税额的计算和申报

小规模纳税人使用普通发票，其销售货物或者提供应税劳务，实行简易办法计算缴纳增值税，并不得抵扣进项税额。

工作任务

小规模纳税人增值税的计算和申报

李小萌所在的新办企业资料如下：

企业名称：西安云英实业有限公司

法定代表人：王小强

注册资本：300 万元

经营范围：生产、销售家用电器

成立时间：2011 年 05 月 9 日

税务登记证号：610104718755072　小规模纳税人

财务负责人：吴颖珍　　　办税人员：李琳

开户银行及账号：工行西安市长安路支行　3700010029000600897

企业地址及电话：西安市太白南路 136 号　　029-82537786

地税管理代码：013076256

2011 年 5 月西安云英实业有限公司发生如下业务：

1）5 月 2 日，购进原材料一批，材料已验收入库。取得增值税普通发票一张，货款 20 000 元，已通过银行支付。

2）5月10日，购买原材料一批，增值税专用发票上注明的价款为30 000元，税款为5 100元，材料未到，货款已付，并支付运费2 000元。

3）5月20日，销售彩电20台，由税务机关代开增值税专用发票一张，取得价税款共计56 000元。货款尚未收回。

4）5月23日，销售冰箱10台，价税款共计23 000元，款项已存入银行。

请帮助李小萌想想，该单位5月份应缴多少增值税？并如何进行纳税申报？

按现行税法规定，小规模纳税人销售货物或提供应税劳务，只能开具增值税普通发票，不得开具增值税专用发票。其应纳增值税额，实行简易办法，按3%的征收率和销售额计算缴纳增值税。小规模纳税人购进货物无论是否取得增值税专用发票或运输发票，都不得抵扣进项税额（购进税控收款机除外）。其应纳税额计算公式为：

应纳税额=销售额×征收率

销售额为纳税人销售货物或提供应税劳务向购买方收取的全部价款和价外费用（与一般纳税人收取的价外费用内容一致），但不包括按3%的征收率收取的增值税额，也就是说，上述公式中的销售额为不含税销售额，纳税人采用价税合并销售货物的，应将含税销售额换算成不含税销售额，其换算公式为：

不含税销售额=含税销售额 ÷（1+3%）

小提示

税务机关代开增值税专用发票

小规模纳税人实行简易征税办法，其销售货物或应税劳务一般不能使用增值税专用发票。但是基于增值税征收管理中小规模纳税人和一般纳税人之间存在经济往来的实情，凡能够认真履行纳税义务的小规模纳税人，其销售货物或应税劳务可以申请由税务机关代开增值税专用发票。税务机关代开前，小规模纳税人需到税务机关临时申报并交纳应纳税额，税款入库后，税务机关方能代开增值税专用发票。

为小规模纳税人代开的增值税专用发票，“税额”栏的金额按小规模纳税人销售额乘以3%的征收率填列。一般纳税人取得由税务机关代开的增值税专用发票后，应以专用发票上填列的税额作为其进项税额。

【例2-1】根据项目2任务2工作任务中资料，计算该公司5月份应缴增值税额。

解：西安云英实业有限公司2011年5月应缴增值税额=（56 000＋23 000）÷（1＋3%）×3%=2300.97（元）

一、小规模纳税人增值税核算

1. 增值税会计科目设置

小规模纳税人增值税采取简易计征办法，不能抵扣进项税额，因此，会计核算只需设置“应交税费——应交增值税”科目。该科目贷方登记企业销售货物或提供应税劳务应缴纳的增值税，借方登记企业已缴纳的增值税额，期末贷方余额表示企业应交未交的增值税额，借方余额表示企业多交的增值税税额。

2. 小规模纳税人账务处理

购货时：

借：原材料等相关科目

贷：银行存款等相关科目

销售货物或提供应税劳务时：

借：应收账款等相关科目

贷：主营业务收入等相关科目

应交税费——应交增值税

缴纳增值税时：

借：应交税费——应交增值税

贷：银行存款等相关科目

二、小规模纳税人增值税的纳税申报

小规模纳税人企业，无论当月有无销售额，均应在法定纳税申报期内，向主管税务机关进行纳税申报，并提交增值税纳税申报表及税务机关要求提供的其他资料，完成税款的申报缴纳工作。增值税纳税申报表如表 2-2 所示。

小规模纳税人增值税纳税申报表填写方法如下：

本表适用于增值税小规模纳税人（以下简称纳税人）填报。纳税人销售使用过的固定资产、销售免税货物或提供免税劳务的，也使用本表。

1）本表“税款所属期”是指纳税人申报的增值税应纳税额的所属时间，应填写具体的起止年、月、日。

2）本表“纳税人识别号”栏，填写税务机关为纳税人确定的识别号，即税务登记证号码。

3）本表“纳税人名称”栏，填写纳税人单位名称全称，不得填写简称。

4）本表第 1 项“应征增值税货物及劳务不含税销售额”栏数据，填写应征增值税货物及劳务的不含税销售额，不包含销售使用过的固定资产应征增值税的不含税销售额、免税货物及劳务销售额、出口免税货物销售额、稽查查补销售额。

5）本表第 2 项“税务机关代开的增值税专用发票不含税销售额”栏数据，填写税务机关代开的增值税专用发票的销售额合计。

6）本表第 3 项“税控器具开具的普通发票不含税销售额”栏数据，填写税控器具开具的应征增值税货物及劳务的普通发票金额换算的不含税销售额。

7）本表第 4 项 “销售使用过的应税固定资产不含税销售额”栏数据，填写销售使用过的、固定资产目录中所列的、售价超过原值的应按照 4%征收率减半征收增值税的应税固定资产的不含税销售额。

8）本表第 5 项“税控器具开具的普通发票不含税销售额”栏数据，填写税控器具开

具的销售使用过的应税固定资产的普通发票金额换算的不含税销售额。

9）本表第 6 项“免税货物及劳务销售额”栏数据，填写销售免征增值税货物及劳务的销售额，包括销售使用过的、固定资产目录中所列的、售价未超过原值的固定资产的销售额。

10）本表第 7 项 “税控器具开具的普通发票销售额”栏数据，填写税控器具开具的销售免征增值税货物及劳务的普通发票金额。

11）本表第 8 项“出口免税货物销售额”栏数据，填写出口免税货物的销售额。

12）本表第 9 项“税控器具开具的普通发票销售额”栏数据，填写税控器具开具的出口免税货物的普通发票金额。

13）本表第 10 项“直接出口货物免税销售额”栏数据，填写以“一般贸易”或“进料加工”方式直接出口，且国家没有取消退税的出口货物的销售额（出口发票上的出口货物离岸价）。该栏数据不包含：转厂销售额、来料加工出口额、国家规定不予以退（免）税的出口销售额。

14）本表第 11 项“本期应纳税额”栏数据，填写本期按征收率计算缴纳的应纳税额。本期应纳税额＝第 1 栏×征收率＋第 4 栏×4%。

15）本表第 12 项“本期应纳税额减征额”栏数据，填写数据是根据相关的增值税优惠政策计算的应纳税额减征额。

16）本表第 14 项“本期预缴税额”栏数据，填写纳税人本期预缴的增值税额，但不包括稽查补缴的应纳增值税额。

【例 2-2】根据项目 2 任务 2 工作任务中资料，填写西安云英实业有限公司 2011 年 5 月纳税申报表。

解：填表见表 2-2 所示。

表 2-2　增值税纳税申报表（适用小规模纳税人）

纳税人识别号：| 6 | 1 | 0 | 1 | 0 | 4 | 7 | 1 | 8 | 7 | 5 | 5 | 0 | 7 | 2 | | | | | |

纳税人名称（公章）：西安云英实业有限公司　　　　金额单位：元（列至角分）

税款所属期：2011 年 5 月 1 日至 2011 年 5 月 31 日　　　　填表日期：2011 年 5 月 31 日

	项　目	栏次	本月数	本年累计
一、计税依据	（一）应征增值税货物及劳务不含税销售额	1	76 699.03	略
	其中：税务机关代开的增值税专用发票不含税销售额	2	54 368.93	略
	税控器具开具的普通发票不含税销售额	3		
	（二）销售使用过的应税固定资产不含税销售额	4		
	其中：税控器具开具的普通发票不含税销售额	5		
	（三）免税货物及劳务销售额	6		
	其中：税控器具开具的普通发票销售额	7		
	（四）出口免税货物销售额	8		
	其中：税控器具开具的普通发票销售额	9		
	直接出口货物免税销售额	10		

续表

	项　目	栏次	本月数	本年累计
二、税款计算	本期应纳税额	11	2 300.97	略
	本期应纳税额减征额	12		
	应纳税额合计	13=11-12	2 300.97	略
	本期预缴税额	14		——
	本期应补（退）税额	15=13-14	2 300.97	——

纳税人或代理人声明：	如纳税人填报，由纳税人填写以下各栏：
此纳税申报表是根据国家税收法律的规定填报的，我确定它是真实的、可靠的、完整的。	办税人员（签章）：李琳　　财务负责人（签章）：吴颖珍 法定代表人（签章）：王小强　　联系电话：029-82537786
	如委托代理人填报，由代理人填写以下各栏：
	代理人名称：　　经办人（签章）：　　联系电话： 代理人（公章）：

受理人：　　受理日期：　　年　　月　　日　　受理税务机关（签章）：

任务3　一般纳税人应纳增值税税额的计算和申报

增值税一般纳税人可按规定领取和使用增值税专用发票，采取规范的税额抵扣法计算应纳税款。一般纳税人当期应纳税额的多少，取决于当期销项税额和当期进项税额。销项税额是纳税人销售货物或者提供劳务按照销售额和税法规定的税率计算并向购买方收取的增值税额。一般纳税人销售货物或提供应税劳务的应纳税额为纳税人当期的销项税额抵扣当期进项税额后的余额。应纳税额的计算公式为：

当期应纳增值税额=当期销项税额—当期进项税额

当期销项税额=当期销售额×增值税税率

工作任务

一般纳税人增值税的计算

李小萌所在的新办企业已于2011年7月21日被认定为一般纳税人，企业资料如下：

企业名称：西安云英实业有限公司

法定代表人：王小强

财务负责人：吴颖珍

办税人员：李琳

注册资本：300万元

成立时间：2011 年 05 月 9 日

税务登记证号：610104718755072

开户银行及账号：工行西安市长安路支行 3700010029000600897

企业地址及电话：西安市太白南路 136 号 029-82537786

2011 年 8 月西安云英实业有限公司发生如下业务：

1）8 月 2 日，购进 A 材料一批，材料已验收入库。取得增值税普通发票一张，货款 90000 元，已通过银行支付。

2）8 月 10 日，购买 B 材料一批，增值税专用发票上注明的价款为 30000 元，税款为 5100 元，材料未到，货款已付，并支付运费 3000 元，运输发票上标明的运输费为 2000 元，保险费用 500 元，装卸费 500 元。

3）8 月 20 日，销售空调 8 台，开具增值税专用发票一张，价款 50000 元，税款 8500 元。货款尚未收回。

4）8 月 23 日，销售小电器一批，增值税专用发票上注明的价款为 80000 元，税款 13600 元，款项已存入银行。

上述业务所取得的增值税专用发票及运输发票均已在 8 月 28 日通过税务机关认证。上期留抵进项税额为 5800 元。本期抄税结果与上述销售情况完全一致。

该单位 8 月份应缴多少增值税？并如何进行纳税申报？

一、当期销售额的确定

（一）销售额

销售额指纳税人销售货物或提供应税劳务向购买方收取的全部价款和价外费用。

小提示

增值税采用价外计税方式，用不含税价作为计税依据。尽管销项税额也是销售方向购买方收取的，但是，销售额中不包括向购买方收取的销项税。

价外费用的相关内容如表 2-3 所示。

表 2-3 价外费用项目

属于价外费用的项目	不属于价外费用的项目
1. 向购买方收取的手续费 2. 向购买方收取的补贴 3. 向购买方收取的基金 4. 向购买方收取的集资费 5. 向购买方收取的返还利润	1. 受托加工应征消费税的消费品所代收代缴的消费税 2. 同时符合以下条件的代垫运费 1）承运部门的运输费用发票开具给购买方的 2）纳税人将该发票转交给购买方

续表

属于价外费用的项目	不属于价外费用的项目
6．向购买方收取的奖励费 7．向购买方收取的违约金 8．向购买方收取的滞纳金 9．向购买方收取的延期付款利息 10．向购买方收取的赔偿金 11．向购买方收取的代收款 12．向购买方收取的代垫款 13．向购买方收取的包装费 14．向购买方收取的包装物租金 15．向购买方收取的储备费 16．向购买方收取的优质费 17．向购买方收取的运输包装费 18．向购买方收取的其他价外费用	3．同时符合以下条件代为收取的政府性基金或者行政事业收费 1）由国务院或者财政部门批准设立的政府性基金，由国务院或省级人民政府及其财政、价格主管部门批准设立的行政事业性收费 2）收取时开具省级以上财政部门印制的财政收据 4．销售货物的同时代办保险等而向购买方收取的保险费，以及向购买方收取的代购买方缴纳的车辆购置费、车辆牌照费

小提示

凡随同销售货物或提供应税劳务向购买方收取的价外费用，无论其在会计上如何核算，均应并入销售额计算应纳税额。

如果价外费用是与所售货物或劳务的销售额开具在一张增值税专用发票上收取的，可认定为不含税销售额。如果收取的价外费用单另开具普通发票，则为含税销售额，需换算成不含税销售额计算销项税额。

（二）特殊销售方式下的销售额

在销售活动中，为了达到促销目的，通常商家会采取多种多样的销售方式。不同销售方式下，销售者取得的销售额会有所不同。常见的特殊销售方式及其销售额的确定如表 2-4 所示。

表 2-4　特殊销售方式下的销售额确定

特殊销售方式	含义	销售额的确定
商业折扣	指销售方在销售货物或应税劳务时，因购买方购货数量较大等原因，而给予购买方价格上的优惠。如一次买 5 件，打 9 折，买 10 件，打 8 折。商业折扣是在实现销售时同时发生的。	税法规定，如果销售额和折扣额在同一张发票上分别注明，可按折扣后的销售额征收增值税；如果将折扣额另开发票，则一律按未扣除折扣的销售额计征增值税。
现金折扣	指销货方在销售货物或应税劳务后，为了鼓励购买方及早还款，而协议许诺给予购买方的一种优待。如 10 天付款，货款折扣 2%，20 天付款，货款折扣为 1%，30 天全额付款。	现金折扣发生在销货之后，是一种融资性质的理财费用。税法规定，现金折扣不得从销售额中扣除。
销售折让	指货物销售后，由于品种、质量等原因购货方未要求退货，但销售方需给予购货方的一种价格减让。	虽然销售折让发生在货物销售之后，但因为是由于货物品种、质量问题引起的销售额的减少，因此，税法规定，对于销售折让可按折让后的货款作为销售额。

续表

特殊销售方式	含义	销售额的确定
以旧换新	指纳税人销售自己货物时，折价收回同类旧货的销售方式。	税法规定，按新货物的同期销售价格确定销售额，不得扣减旧货的收购价格（金银首饰除外）。
以物易物	指购销双方不以货币结算，而是以同等价款的货物相互结算的一种销售方式。	以物易物双方均应做购销处理。以各自发出的货物核算销售额并计算销项税额，以各自收到的货物核算购货金额，并且符合抵扣条件的可核算进项税额。
包装物押金是否计入销售额	包装物是用来包装本单位商品的物品。包装物收取押金是为了促使购买方及早退回包装物以便周转使用。	税法规定，纳税人为销售货物而出租出借包装物收取的押金，单独记账核算的，时间在 1 年以内，没有过期的，不并入销售额征税，但对于超过合同约定的期限或 1 年未收回包装物而不再退还的押金，应按所包装货物适用的税率计算销项税额。
视同销售行为的销售额	见本项目任务一中介绍的 8 中销售行为。	对于无销售额的，主管税务机关可按下列顺序确定其销售额： 1. 按纳税人当月同类货物的平均销售价格确定。 2. 按纳税人最近时期同类货物的平均销售价格确定。 3. 按组成计税价格确定。 如果该货物征收增值税，不征收消费税，则：组成计税价格=成本 ×（1+成本利润率） 如果该货物即征增值税又征消费税，则：组成计税价格=成本×（1+成本利润率）+ 消费税额 或：组成计税价格=成本 ×（1+成本利润率）÷（1−消费税税率）

小提示

包装物押金不同于包装物租金，包装物租金在销货时作为价外费用并入销售额计算销项税额。对销售除啤酒、黄酒外的其他酒类产品收取的包装物押金，无论是否返还，均应并入当期销售额征税。对于啤酒、黄酒所收取的押金，按上述一般押金处理。

二、当期进项税额的计算

进项税额是纳税人购进货物或应税劳务时支付或负担的增值税额。进项税额是与销项税额相对应的另外的概念，在开具增值税专用发票的情况下，销售方收取的销项税额就是购买方支付的进项税额。对于增值税一般纳税人，其应缴纳的增值税额就是其销售货物收取的销项税额扣除其购买货物时支付的进项税额后的余额。进项税额的多少直接关系着纳税人缴纳税款的多少。但是，并不是所有的进项税额都能从销项税额中扣除。

小提示

准予作为抵扣凭证的运费结算单据《普通发票》是指国营铁路、民用航空、公路、水上运输单位开具的货票以及从事货物运输的非国营运输单位开具的套印全国统一发票监制章的货票。

准予计算进项税额的货物运费金额仅限于运费结算单上注明的运输费用和建设基金。不包括装卸费、保险费等。

准予扣除的进项税额有以下几种。

1）从销货方取得的增值税专用发票上注明的增值税额。

2）从海关取得的海关进口增值税专用缴款书上注明的增值税额。

3）向农业生产者购买免税农业产品或向小规模纳税人购进农产品，准予按照买价和13%的扣除率计算可抵扣的进项税额。公式为：

进项税额=买价×13%

4）一般纳税人购进或者销售货物以及在生产经营过程中支付运费的，按照运输费用结算单据上注明的运输费用和7%的扣除率计算的进项税额。公式为：

进项税额=运输费用金额×7%

不得从销项税额中抵扣的进项税额有以下几种。

1）用于非增值税应税项目、免征增值税项目、集体福利或者个人消费的购进货物或者应税劳务。

2）非正常损失的购进货物及相关的应税劳务。

3）非正常损失的在产品、产成品所耗用的购进货物或者应税劳务。

4）国务院财政、税务主管部门规定的纳税人自用消费品：纳税人自用的应征消费税的摩托车、汽车、游艇，其进项税额不得扣除。

5）上述1）～4）项规定的货物的运输费用和销售免税货物的运输费用。

知识拓展

增值税专用发票进项税额抵扣时间的限定

1）一般纳税人必须通过防伪税控系统开具增值税专用发票。

2）增值税一般纳税人取得2010年1月1日以后开具的增值税专用发票、公路内河货物运输业统一发票和机动车销售统一发票，应在开具之日起180日内到税务机关办理认证，并在认证通过的次月申报期内，向主管税务机关申报抵扣进项税额。

3）实行海关进口增值税专用缴款书（以下简称海关缴款书）“先比对后抵扣”管理办法的增值税一般纳税人取得2010年1月1日以后开具的海关缴款书，应在开具之日起180日内向主管税务机关报送《海关完税凭证抵扣清单》（包括纸质资料和电子数据）申请稽核比对。未实行海关缴款书“先比对后抵扣”管理办法的增值税一般纳税人取得2010年1月1日以后开具的海关缴款书，应在开具之日起180日后的第一个纳税申报期结束以前，向主管税务机关申报抵扣进项税额。

4）增值税一般纳税人取得增值税专用发票、公路内河货物运输业统一发票、机动车销售统一发票以及海关缴款书，未在规定期限内到税务机关办理认证、申报抵扣或者申请稽核比对的，不得作为合法的增值税扣税凭证，不得计算进项税额抵扣。

5）当期进项税额不足抵扣销项税额的部分（即当期进项税额大于当期销项税额的部分）可以结转下期继续抵扣，且当期不缴纳增值税。

【例2-3】根据项目2任务2工作任务中资料，计算应缴增值税。

解：西安云英实业有限公司2011年8月份应缴增值税计算如下：

本期可抵扣的进项税额＝5 800＋5 100＋2 000×7%＝11 040.00（元）

本期销项税额＝8 500＋13 600＝22 100.00（元）

本期应缴增值税额＝22 100－11 040＝11 060.00（元）

三、进口货物应缴增值税税额计算

一般纳税人和小规模纳税人进口货物，其增值税应纳税额的计算方法相同，都是按照组成计税价格和规定的税率计算应纳税额，不得抵扣任何税额。

组成计税价格＝关税完税价格＋关税＋消费税

应纳增值税额＝组成计税价格×增值税税率

四、增值税一般纳税人的会计核算

1. 账户设置

一般纳税人应设置如下有关增值税的主要账户有

“应交税费——未交增值税”、“应交税费——应交增值税（销项税额）”、“应交税费——应交增值税（进项税额）”、“应交税费——应交增值税（转出未交增值税）”、“应交税费——应交增值税（进项税额转出）”。

2. 有关增值税的主要会计分录

（1）一般纳税人购买货物，取得增值税专用发票时

借：原材料等相关账户

　　应交税费——应交增值税（进项税额）

　　贷：银行存款等相关账户

（2）一般纳税人购买货物或提供劳务时

借：银行存款等相关账户

　　贷：主营业务收入等相关账户

　　　　应交税费——应交增值税（销项税额）

（3）期末，计算出应缴未交增值税时

借：应交税费——应交增值税（转出未交增值税）

　　贷：应交税费——未交增值税

（4）缴纳应缴增值税时

借：应交税费——未交增值税

　　贷：银行存款等

【例 2-4】根据项目 2 任务 2 工作任务中资料，西安云英实业有限公司 2011 年 8 月份业务的会计分录如下：

8 月 2 日：	借：原材料	90 000.00	
	贷：银行存款		90 000.00
8 月 10 日：	借：在途物资	32 860.00	
	应交税费——应交增值税（进项税额）	5 240.00	
	贷：银行存款		38 100.00

8 月 20 日：　借：应收账款　58 500.00
　　　　　　　贷：主营业务收入　50 000.00
　　　　　　　　　应交税费——应交增值税（销项税额）　8 500.00

8 月 23 日：　借：银行存款　93 600.00
　　　　　　　贷：主营业务收入　80 000.00
　　　　　　　　　应交税费——应交增值税（销项税额）　13 600.00

8 月 31 日：计算本月未交增值税：
　　　　借：应交税费——应交增值税（转出未交增值税）　11 060.00
　　　　　贷：应交税费——未交增值税　11 060.00

五、一般纳税人纳税申报

（一）抄税

一般纳税人无论当月是否开具过增值税发票，均应在规定的抄税期内（一般为次月1～15 日）完成抄税工作，然后才能申报纳税。

抄税是指纳税人每月初必须将本单位防伪税控开票系统中的数据（即将企业税控电脑上，上月开出发票的全部信息）抄至税控 IC 卡上，然后再由 IC 卡读入到税务机关服务器，以便税务机关核实企业申报资料的过程。抄税数据应与企业申报数据一致。

抄税是国家通过金税工程来控制增值税专用发票的过程之一。企业被认定为增值税一般纳税人后，须到税务机关指定的单位购买税控电脑、金税卡及 IC 卡。一般纳税人开具发票必须在税控电脑上进行，进入国家增值税防伪税控系统。税控 IC 卡主要是用来办理购买增值税发票、开具发票及抄税等业务。

企业抄税主要是抄写发票资料内容，主要资料内容如图 2-2 所示。

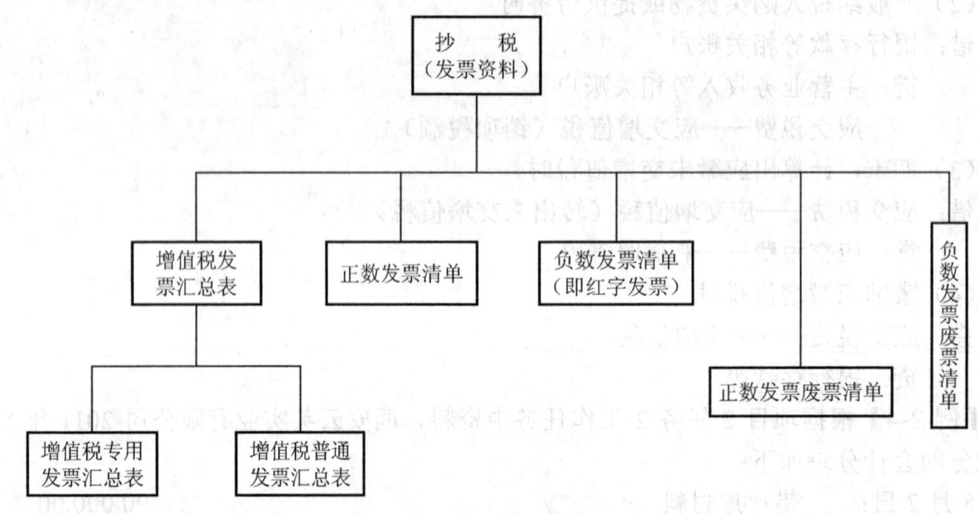

图 2-2　抄税发票资料

（二）纳税申报

一般纳税人抄税后，必须填写纳税申报表及相关资料在纳税申报期内完成申报纳税工作。

1. 纳税申报必报资料

1）《增值税纳税申报表》及附列资料表（一）、（二），如表2-5（49页）、表2-6（50页）、表2-7（52页）所示。

2）《固定资产进项税额抵扣情况表》如表2-8所示。

3）使用防伪税控系统的纳税人，必须报送记录当期纳税信息的税控IC卡。

4）税务机关规定的其他报送资料。

2. 备查资料

1）符合抵扣条件并且在本期申报抵扣的增值税专用发票抵扣联。

2）海关进口货物完税凭证的复印件。

3）主管税务机关规定的其他备查资料。

纳税人在月度终了，应将备查资料整理并装订成册。对于属于扣税凭证的单证，根据取得时间顺序，按单证种类每种25份装订成一册，不足25份的按实际分数装订。

（三）纳税申报资料的格式及填报

1.《增值税纳税申报表》的格式及填报

(1)《增值税纳税申报表》格式

《增值税纳税申报表》见表2-5所示。

(2)《增值税纳税申报表（适用于一般纳税人）》填表方法

本申报表适用于增值税一般纳税人填报。增值税一般纳税人销售按简易办法缴纳增值税的货物，也使用本表。

1）本表"税款所属时间"是指纳税人申报的增值税应纳税额的所属时间，应填写具体的起止年、月、日。

2）本表"填表日期"指纳税人填写本表的具体日期。

3）本表"纳税人识别号"栏，填写税务机关为纳税人确定的识别号，即税务登记证号码。

4）本表"所属行业"栏，按照国民经济行业分类与代码中的最细项小类进行填写。

5）表中"一般货物及劳务"是指享受即征即退的货物及劳务以外的其他货物及劳务。

6）表中"即征即退货物及劳务"是指纳税人按照税法规定享受即征退税收优惠政策的货物及劳务。

7）本表第1项"（一）按适用税率征税货物及劳务销售额"栏数据，填写纳税人本期按适用税率缴纳增值税的应税货物和应税劳务的销售额（销货退回的销售额用负数表示）。"一般货物及劳务"的"本月数"栏数据与"即征即退货物及劳务"的"本月数"栏数据之和，应等于《增值税纳税申报表》附列资料表（一）（表2-6）第7栏的"小计"中的"销售额"数。"本年累计"栏数据，应为年度内各月数之和。

8）本表第2项"应税货物销售额"栏数据，填写纳税人本期按适用税率缴纳增值税的应税货物的销售额（销货退回的销售额用负数表示）。包括在财务上不作销售但按税法规定应缴纳增值税的视同销售货物和价外费用销售额，以及外贸企业作价销售进料加工复出口的货物。"一般货物及劳务"的"本月数"栏数据与"即征即退货物及劳务"的"本月数"栏数据之和，应等于《增值税纳税申报表》附列资料表（一）（表2-6）第5栏的

“应税货物”中17%税率“销售额”与13%税率“销售额”的合计数。“本年累计”栏数据，应为年度内各月数之和。

9）本表第3项“应税劳务销售额”栏数据，填写纳税人本期按适用税率缴纳增值税的应税劳务的销售额。“一般货物及劳务”的“本月数” 栏数据与“即征即退货物及劳务”的“本月数”栏数据之和，应等于《增值税纳税申报表》附列资料表（一）（表2-6）第5栏的“应税劳务”中的“销售额”数。“本年累计”栏数据，应为年度内各月数之和。

10）本表第4项“纳税检查调整的销售额”栏数据，填写纳税人因税务、财政、审计部门检查、并按适用税率计算调整的应税货物和应税劳务的销售额。但享受即征即退税收优惠政策的货物及劳务经税务稽查发现偷税的，不得填入“即征即退货物及劳务”部分，而应将本部分销售额在“一般货物及劳务”栏中反映。“一般货物及劳务”的“本月数”栏数据与“即征即退货物及劳务”的“本月数”栏数据之和，等于《增值税纳税申报表》附列资料表（一）（表2-6）第6栏的“小计”中的“销售额”数。

11）本表第5项“按简易征收办法征税货物的销售额”栏数据，填写纳税人本期按简易征收办法征收增值税货物的销售额（销货退回的销售额用负数表示）。包括税务、财政、审计部门检查、并按简易征收办法计算调整的销售额。“一般货物及劳务”的“本月数”栏数据与“即征即退货物及劳务”的“本月数” 栏数据之和，应等于《增值税纳税申报表》附列资料表（一）（表2-6）第14栏的“小计”中的“销售额”数。“本年累计”栏数据，应为年度内各月数之和。

12）本表第6项“其中：纳税检查调整的销售额”栏数据，填写纳税人本期因税务、财政、审计部门检查、并按简易征收办法计算调整的销售额，但享受即征即退税收优惠政策的货物及劳务经税务稽查发现偷税的，不得填入“即征即退货物及劳务”部分，而应将本部分销售额在“一般货物及劳务”栏中反映。“一般货物及劳务”的“本月数”栏数据与“即征即退货物及劳务”的“本月数”栏数据之和，应等于《增值税纳税申报表》附列资料表（一）（表2-6）第13栏的“小计”中的“销售额”数。“本年累计”栏数据，应为年度内各月数之和。

13）本表第7项“免、抵、退办法出口货物销售额”栏数据，填写纳税人本期执行免、抵、退办法出口货物的销售额（销货退回的销售额用负数表示）。“本年累计”栏数据，应为年度内各月数之和。

14）本表第8项“免税货物及劳务销售额” 栏数据，填写纳税人本期按照税法规定直接免征增值税的货物及劳务的销售额及适用零税率的货物及劳务的销售额（销货退回的销售额用负数表示），但不包括适用免、抵、退办法出口货物的销售额。“一般货物及劳务”的“本月数”栏数据，应等于《增值税纳税申报表》附列资料表（一）（表2-6）第18栏的“小计”中的“销售额”数。“本年累计”栏数据，应为年度内各月数之和。

15）本表第9项“免税货物销售额”栏数据，填写纳税人本期按照税法规定直接免征增值税货物的销售额及适用零税率货物的销售额（销货退回的销售额用负数表示），但不包括适用免、抵、退办法出口货物的销售额。“一般货物及劳务”的“本月数” 栏数据，应等于《增值税纳税申报表》附列资料表（一）（表2-6）第18栏的“免税货物”中的“销售额”数。“本年累计”栏数据，应为年度内各月数之和。

16）本表第10项“免税劳务销售额”栏数据，填写纳税人本期按照税法规定直接免征增值税劳务的销售额及适用零税率劳务的销售额（销货退回的销售额用负数表示）。“一般货物及劳务”的“本月数”栏数据应等于《增值税纳税申报表》附列资料表（一）（表2-6）

第 18 栏的“免税劳务”中的“销售额”数。“本年累计”栏数据，应为年度内各月数之和。

17）本表第 11 项“销项税额”栏数据，填写纳税人本期按适用税率计征的销项税额。该数据应与“应交税费——应交增值税”明细科目贷方“销项税额”专栏本期发生数一致。“一般货物及劳务”的“本月数”栏数据与“即征即退货物及劳务”的“本月数”栏数据之和，应等于《增值税纳税申报表》附列资料表（一）（表 2-6）第 7 栏的“小计”中的“销项税额”数。“本年累计”栏数据，应为年度内各月数之和。

18）本表第 12 项“进项税额”栏数据，填写纳税人本期申报抵扣的进项税额。该数据应与“应交税费——应交增值税”明细科目借方“进项税额”专栏本期发生数一致。“一般货物及劳务”的“本月数”栏数据与“即征即退货物及劳务”的“本月数”栏数据之和，应等于《增值税纳税申报表》附列资料表（二）（表 2-7）第 12 栏中的“税额”数。

19）本表第 13 项“上期留抵税额”栏数据，为纳税人前一申报期的“期末留抵税额”数，该数据应与“应交税费——应交增值税”明细科目借方月初余额一致。

20）本表第 14 项“进项税额转出”栏数据，填写纳税人已经抵扣但按税法规定应作进项税转出的进项税额总数，但不包括销售折扣、折让，销货退回等应负数冲减当期进项税额的数额。该数据应与“应交税费——应交增值税”明细科目贷方“进项税额转出”专栏本期发生数一致。“一般货物及劳务”的“本月数”栏数据与“即征即退货物及劳务”的“本月数”栏数据之和，应等于《增值税纳税申报表》附列资料表（二）（表 2-7）第 13 栏中的“税额”数。“本年累计”栏数据，应为年度内各月数之和。

21）本表第 15 项“免、抵、退货物应退税额”栏数据，填写退税机关按照出口货物免、抵、退办法审批的应退税额。“本年累计”栏数据，应为年度内各月数之和。

22）本表第 16 项“按适用税率计算的纳税检查应补缴税额”栏数据，填写税务、财政、审计部门检查按适用税率计算的纳税检查应补缴税额。“本年累计”栏数据，应为年度内各月数之和。

23）本表第 17 项“应抵扣税额合计”栏数据，填写纳税人本期应抵扣进项税额的合计数。

24）本表第 18 项“实际抵扣税额”栏数据，填写纳税人本期实际抵扣的进项税额。“本年累计”栏数据，应为年度内各月数之和。

25）本表第 19 项“按适用税率计算的应纳税额”栏数据，填写纳税人本期按适用税率计算并应缴纳的增值税额。“本年累计”栏数据，应为年度内各月数之和。

26）本表第 20 项“期末留抵税额”栏数据，为纳税人在本期销项税额中尚未抵扣完，留待下期继续抵扣的进项税额。该数据应与“应交税费——应交增值税”明细科目借方月末余额一致。

27）本表第 21 项“按简易征收办法计算的应纳税额”栏数据，填写纳税人本期按简易征收办法计算并应缴纳的增值税额，但不包括按简易征收办法计算的纳税检查应补缴税额。“一般货物及劳务”的“本月数”栏数据与“即征即退货物及劳务”的“本月数”栏数据之和，应等于《增值税纳税申报表》附列资料表（一）（表 2-6）第 12 栏的“小计”中的“应纳税额”数。“本年累计”栏数据，应为年度内各月数之和。

28）本表第 22 项“按简易征收办法计算的纳税检查应补缴税额”栏数据，填写纳税人本期因税务、财政、审计部门检查并按简易征收办法计算的纳税检查应补缴税额。“一般货物及劳务”的“本月数”栏数据与“即征即退货物及劳务”的“本月数”栏数据之和，应等于《增值税纳税申报表》附列资料表（一）（表 2-6）第 13 栏的“小计”中的

"应纳税额"数。"本年累计"栏数据，应为年度内各月数之和。

29）本表第23项"应纳税额减征额"栏数据，填写纳税人本期按照税法规定减征的增值税应纳税额。"本年累计"栏数据，应为年度内各月数之和。

30）本表第24项"应纳税额合计"栏数据，填写纳税人本期应缴增值税的合计数。"本年累计"栏数据，应为年度内各月数之和。

31）本表第25项"期初未缴税额（多缴为负数）"栏数据，为纳税人前一申报期的"期末未缴税额（多缴为负数）"。

32）本表第26项"实收出口开具专用缴款书退税额"栏数据，填写纳税人本期实际收到税务机关退回的，因开具《出口货物税收专用缴款书》而多缴的增值税款。该数据应根据"应交税费——未交增值税"明细科目贷方本期发生额中"收到税务机关退回的多缴增值税款"数据填列。"本年累计"栏数据，为年度内各月数之和。

33）本表第27项"本期已缴税额"栏数据，是指纳税人本期实际缴纳的增值税额，但不包括本期入库的查补税款。"本年累计"栏数据，为年度内各月数之和。

34）本表第28项"①分次预缴税额"栏数据，填写纳税人本期分次预缴的增值税额。

35）本表第29项"②出口开具专用缴款书预缴税额"栏数据，填写纳税人本期销售出口货物而开具专用缴款书向主管税务机关预缴的增值税额。

36）本表第30项"③本期缴纳上期应纳税额"栏数据，填写纳税人本期上缴上期应缴未缴的增值税款，包括缴纳上期按简易征收办法计提的应缴未缴的增值税额。"本年累计"栏数据，为年度内各月数之和。

37）本表第31项"④本期缴纳欠缴税额"栏数据，填写纳税人本期实际缴纳的增值税欠税额，但不包括缴纳入库的查补增值税额。"本年累计"栏数据，为年度内各月数之和。

38）本表第32项"期末未交税额（多缴为负数）"栏数据，为纳税人本期期末应缴未缴的增值税额，但不包括纳税检查应缴未缴的税额。"本年累计"栏与"本月数"栏数据相同。

39）本表第33项"其中：欠缴税额（≥0）"栏数据，为纳税人按照税法规定已形成欠税的数额。

40）本表第34项"本期应补（退）税额"栏数据，为纳税人本期应纳税额中应补缴或应退回的数额。

41）本表第35项"即征即退实际退税额"栏数据，填写纳税人本期因符合增值税即征即退优惠政策规定，而实际收到的税务机关返还的增值税额。"本年累计"栏数据，为年度内各月数之和。

42）本表第36项"期初未缴查补税额"栏数据，为纳税人前一申报期的"期末未缴查补税额"。该数据与本表第25项"期初未缴税额（多缴为负数）"栏数据之和，应与"应交税费——未交增值税"明细科目期初余额一致。"本年累计"栏数据应填写纳税人上年度末的"期末未缴查补税额"数。

43）本表第37项"本期入库查补税额"栏数据，填写纳税人本期因税务、财政、审计部门检查而实际入库的增值税款，包括：①按适用税率计算并实际缴纳的查补增值税款；②按简易征收办法计算并实际缴纳的查补增值税款。"本年累计"栏数据，为年度内各月数之和。

44）本表第38项"期末未缴查补税额"栏数据，为纳税人纳税检查本期期末应缴未缴的增值税额。该数据与本表第32项"期末未缴税额（多缴为负数）"栏数据之和，应与"应交税费——未交增值税"明细科目期初余额一致。"本年累计"栏与"本月数"栏数据相同。

表 2-5 增值税纳税申报表

（适用于一般纳税人）

根据《中华人民共和国增值税暂行条例》第二十二条和第二十三条的规定制定本表。纳税人不论有无销售额，均应按主管税务机关核定的纳税期限按期填报本表，并于次月一日起十五日内，向当地税务机关申报。

税款所属时间：自 2011 年 8 月 1 日至 2011 年 8 月 31 日 填表日期：2011 年 8 月 31 日 金额单位：元至角分

纳税人识别号	6 1 0 1 [illegible] 4 7 [illegible] 8 7 5 5 0 7 2		所属行业：批发			
纳税人名称	（公章）	法定代表人姓名	王小强	注册地址	略	营业地址 略
开户银行及账号	工行西安市长安路支行 3700010[illegible]29000600897	企业登记注册类型	其他有限责任公司	电话号码	82537786	

项目		栏次	一般货物及劳务		即征即退货物及劳务	
			本月数	本年累计	本月数	本年累计
销售额	（一）按适用税率征税货物及劳务销售额	1	130 000.00	略		
	其中：应税货物销售额	2	130 000.00			
	应税劳务销售额	3				
	纳税检查调整的销售额	4				
	（二）按简易征收办法征税货物销售额	5				
	其中：纳税检查调整的销售额	6				
	（三）免、抵、退办法出口货物销售额	7				
	（四）免税货物及劳务销售额	8				
	其中：免税货物销售额	9				
	免税劳务销售额	10				
税款计算	销项税额	11	22 100.00	略		
	进项税额	12	5 240.00	略		
	上期留抵税额	13	5 800.00	略		
	进项税额转出	14				
	免抵退货物应退税额	15				
税款计算	按适用税率计算的纳税检查应补缴税额	16				
	应抵扣税额合计	17=12+13−14−15+16	5 240.00			
	实际抵扣税额	18（如 17<11，则为 17，否则为 11）	5 240.00			
	应纳税额	19=11−18	11 060.00			
	期末留抵税额	20=17−18				
	简易征收办法计算的应纳税额	21				
	按简易征收办法计算的纳税检查应补缴税额	22				
	应纳税额减征额	23				
	应纳税额合计	24=19+21−23	11 060.00			
税款缴纳	期初未缴税额（多缴为负数）	25				
	实收出口开具专用缴款书退税额	26				
	本期已缴税额	27=28+29+30+31				
	①分次预缴税额	28				
	②出口开具专用缴款书预缴税额	29				
	③本期缴纳上期应纳税额	30				
	④本期缴纳欠缴税额	31				
	期末未缴税额（多缴为负数）	32=24+25+26−27				
	其中：欠缴税额（≥0）	33=25+26−27				
	本期应补(退)税额	34=24−28−29				
	即征即退实际退税额	35				
	期初未缴查补税额	36				
	本期入库查补税额	37				
	期末未缴查补税额	38=16+22+36−37				
授权声明	如果你已委托代理人申报，请填写下列资料： 为代理一切税务事宜，现授权（地址） 为本纳税人的代理申报人，任何与本申报表有关的往来文件，都可寄予此人。 授权人签字：		申报人声明	此纳税申报表是根据《中华人民共和国增值税暂行条例》的规定填报的，我相信它是真实的、可靠的、完整的。 声明人签字：		

收到日期　　　　　　　　　　　接收人　　　　　　　　主管税务机关盖章

2.《增值税纳税申报表附列资料（表一）》格式及填报

（1）《增值税纳税申报表附列资料（表一）》格式

《增值税纳税申报表附列资料（表一）》格式见表2-6所示。

表2-6　增值税纳税申报表附列资料（表一）

（本期销售情况明细）

税款所属时间：2011年 8 月

填表日期：2011年8月31日

纳税人名称（公章）　　金额单位：元至角分

一、按适用税率征收增值税货物及劳务的销售额和销项税额明细

项　目	栏　次	应税货物 17%税率 份数	应税货物 17%税率 销售额	应税货物 17%税率 销项税额	应税货物 13%税率 份数	应税货物 13%税率 销售额	应税货物 13%税率 销项税额	应税劳务 份数	应税劳务 销售额	应税劳务 销项税额	小计 份数	小计 销售额	小计 销项税额
防伪税控系统开具的增值税专用发票	1	2	130 000.00	22 100							2	130 000.00	22 100.00
非防伪税控系统开具的增值税专用发票	2												
开具普通发票	3												
未开具发票	4	—			—			—			—		
小　计	5=1+2+3+4	—	130 000.00	22 100	—			—			—	130 000.00	22 100.00
纳税检查调整	6	—			—			—			—		
合　计	7=5+6	—	130 000.00	22 100	—			—			—	130 000.00	22 100.00

二、简易征收办法征收增值税货物的销售额和应纳税额明细

项　目	栏　次	6%征收率 份数	6%征收率 销售额	6%征收率 应纳税额	4%征收率 份数	4%征收率 销售额	4%征收率 应纳税额	小计 份数	小计 销售额	小计 应纳税额
防伪税控系统开具的增值税专用发票	8									
非防伪税控系统开具的增值税专用发票	9									
开具普通发票	10									
未开具发票	11	—			—			—		
小　计	12=8+9+10+11	—			—			—		
纳税检查调整	13	—			—			—		
合　计	14=12+13	—			—			—		

三、免征增值税货物及劳务销售额明细

项　目	栏　次	免税货物 份数	免税货物 销售额	免税货物 税额	免税劳务 份数	免税劳务 销售额	免税劳务 税额	小计 份数	小计 销售额	小计 税额
防伪税控系统开具的增值税专用发票	15				—	—	—			
开具普通发票	16			—			—			—
未开具发票	17	—		—	—		—	—		—
合　计	18=15+16+17	—			—		—	—		

（2）《增值税纳税申报表附列资料（表一）》填表方法

本表“一、按适用税率征收增值税货物及劳务的销售额和销项税额明细” 和“二、简易征收办法征收增值税货物的销售额和应纳税额明细”部分中“防伪税控系统开具的增值税专用发票”、“非防伪税控系统开具的增值税专用发票”、“开具普通发票”、“未开具发票”各栏数据均应包括销货退回或折让、视同销售货物、价外费用的销售额和销项税额，但不包括免税货物及劳务的销售额，适用零税率货物及劳务的销售额和出口执行免、抵、退办法的销售额以及税务、财政、审计部门检查并调整的销售额、销项税额或应纳税额。

本表第1栏、第2栏、第3栏、第4栏、第8栏、第9栏、第10栏、第11栏，各栏数据均应包括销货退回或折让、视同销售货物、价外费用的销售额和销项税额，但不包括免税货物及劳务的销售额，适用零税率货物及劳务的销售额和出口执行免、抵、退办法的销售额以及税务、财政、审计部门检查并调整的销售额、销项税额或应纳税额。

本表第6栏、第13栏，应填写纳税人本期因税务、财政、审计部门检查计算调整的应税货物、应税劳务的销售额、销项税额或应纳税额。

第15栏，填写本期因销售免税货物而使用防伪税控系统开具的增值税专用发票的份数、销售额和税额，包括国有粮食收储企业销售的免税粮食，政府储备食用植物油等。

（3）《增值税纳税申报表附列资料（表二）》格式及填报

1）《增值税纳税申报表附列资料（表二）》格式。

《增值税纳税申报表附列资料（表二）》见表2-7所示。

2）《增值税纳税申报表附列资料（表二）》的填报方法。

第1栏，填写本期申报抵扣的认证相符的防伪税控增值税专用发票情况，包括认证相符的红字防伪税控增值税专用发票，应等于第2栏与第3栏数据之和。

第2栏，填写本期认证相符本期申报抵扣的防伪税控增值税专用发票情况，与第35栏减第24栏后的数据相等。

第23栏，填写以前期认证相符，但按照税法规定，暂不予抵扣，结存至本期的防伪税控增值税专用发票，应与上期“期末已认证相符但未申报抵扣”栏数据相等。

第24栏，填写本期认证相符，但因按照税法规定暂不予抵扣及按照税法规定不允许抵扣而未申报抵扣的防伪税控增值税专用发票。

第25栏，填写截至本期期末，按照税法规定仍暂不予抵扣及按照税法规定不允许抵扣且已认证相符的防伪税控增值税专用发票情况。

第26栏，填写期末已认证相符但未申报抵扣的防伪税控增值税专用发票中，按照税法规定不允许抵扣，而只能作为出口退税凭证或应列入成本、资产等项目的防伪税控增值税专用发票。

第35栏，应与防伪税控认证子系统中的本期全部认证相符的防伪税控增值税专用发票数据相同。

第38栏，填写纳税人根据《中华人民共和国增值税暂行条例实施细则》第三十四条的规定扣缴的增值税额。

表 2-7　增值税纳税申报表附列资料（表二）

（本期进项税额明细）

税款所属时间：2011 年 8 月

纳税人名称：（公章）　　填表日期：2011 年 8 月 31 日　　金额单位：元至角分

一、申报抵扣的进项税额				
项　目	栏次	份数	金额	税额
（一）认证相符的防伪税控增值税专用发票	1	1	30 000.00	5 100.00
其中：本期认证相符且本期申报抵扣	2	1	30 000.00	5 100.00
前期认证相符且本期申报抵扣	3			
（二）非防伪税控增值税专用发票及其他扣税凭证	4			
其中：海关进口增值税专用缴款书	5			
农产品收购发票或销售发票	6			
废旧物资发票	7			
运输费用结算单据	8	1	2 000.00	140.00
6%征收率	9			
4%征收率	10			
（三）外贸企业进项税额抵扣证明	11	—	—	
当期申报抵扣进项税额合计	12		32 000.00	5240.00

二、进项税额转出额		
项　目	栏次	税额
本期进项税转出额	13	
其中：免税货物用	14	
非应税项目用、集体福利、个人消费用	15	
非正常损失	16	
按简易征收办法征税货物用	17	
免抵退税办法出口货物不得抵扣进项税额	18	
纳税检查调减进项税额	19	
未经认证已抵扣的进项税额	20	
红字专用发票通知单注明的进项税	21	

三、待抵扣进项税额				
项　目	栏次	份数	金额	税额
（一）认证相符的防伪税控增值税专用发票	22	—	—	—
期初已认证相符但未申报抵扣	23			
本期认证相符且本期未申报抵扣	24			
期末已认证相符但未申报抵扣	25			
其中：按照税法规定不允许抵扣	26			

续表

三、待抵扣进项税额				
项　　目	栏次	份数	金额	税额
（二）非防伪税控增值税专用发票及其他扣税凭证	27			
其中：海关进口增值税专用缴款书	28			
农产品收购发票或销售发票	29			
废旧物资发票	30			
运输费用结算单据	31			
6%征收率	32			
4%征收率	33			
	34			
四、其他				
项　　目	栏次	份数	金额	税额
本期认证相符的全部防伪税控增值税专用发票	35			
期初已征税款挂账额	36	—	—	
期初已征税款余额	37	—	—	
代扣代缴税额	38	—	—	

表 2-8　固定资产进项税额抵扣情况表

固定资产进项税额抵扣情况表

纳税人识别号：610104718755072　　　　纳税人名称（公章）：西安云英实业有限公司

填表日期：2011　年 8　月 31　日　　　　金额单位：元至角分

项目	当期申报抵扣的固定资产进项税额	当期申报抵扣的固定资产进项税额累计
增值税专用发票	0	0
海关进口增值税专用缴款书	0	0
合　　计	0	0

注：本表一式二份，一份纳税人留存，一份主管税务机关留存。

思考与练习

思考题

1. 什么是增值税？
2. 增值税纳税人划分为几类？划分标准是什么？
3. 什么是混合销售行为？什么是兼营行为？两者有什么区别？
4. 小规模纳税人和一般纳税人在计算增值税应纳税额时有什么差别？
5. 增值税一般纳税人不得抵扣进项税额的情况有哪些？

实 训

一、实训要求

1）正确计算应缴纳的销项税额、可抵扣的进项税额。
2）填写增值税纳税申报表和附表资料。

二、实训资料

1. 实训企业基本资料

企业名称：西安黄海工贸有限责任公司
法定代表人：张海路
注册资本：500 万元
财务负责人：陈还
企业登记注册类型：有限责任公司
地址电话：西安市未央区未央路 86 号　029-86515891
开户行及账户：西安工商银行未央路支行 370001902900051 1768
税务登记证号：610104776005221
增值税纳税资格：一般纳税人
所属行业：制造业
办税人员：林轩

2. 企业 2011 年 1 月份抄税资料（表 2-9～表 2-11）

该企业本月没有开具普通发票，企业有关收入及增值税销项税额的账簿记录均与抄税资料相符。企业上期无留抵。

表 2-9　专用发票汇总表

制表日期：2011 年 02 月 01 日
所属期间：1 月第 1 期　1 月
专用发票统计表：1-01
专用增值税发票汇总表（2011 年 1 月）
纳税人登记号：610104776005221
企业名称：西安黄海工贸有限责任公司
地址电话：西安市未央区未央路 86 号　029-86515891

★ 发票领用存情况 ★

期初库存份数　8　　正数发票份数　3　　负数发票份数　0
购进发票份数　0　　正数废票份数　1　　负数废票份数　0
退回发票份数　0　　期末库存份数　5

续表

★ 销项情况 ★

金额单位：元

序号	项目名称	合计	17%	13%	6%	4%	其他
1	销项正废金额	67 521.37	67 521.37	0.00	0.00	0.00	0.00
2	销项正数金额	196 581.20	196 581.20	0.00	0.00	0.00	0.00
3	销项负废金额	0.00	0.00	0.00	0.00	0.00	0.00
4	销项负数金额	0.00	0.00	0.00	0.00	0.00	0.00
5	实际销售金额	129 059.83	129 059.83	0.00	0.00	0.00	0.00
6	销项正废税额	11 478.63	11 478.63	0.00	0.00	0.00	0.00
7	销项正数税额	33 418.80	33 418.80	0.00	0.00	0.00	0.00
8	销项负废税额	0.00	0.00	0.00	0.00	0.00	0.00
9	销项负数税额	0.00	0.00	0.00	0.00	0.00	0.00
10	实际销项税额	21 940.17	21 940.17	0.00	0.00	0.00	0.00

表 2-10　专用发票明细表

制表日期：2011 年 02 月 01 日

专用发票统计表：1-02

正数发票清单（2011 年 1 月）

纳税人登记号：610104776005221

企业名称：西安黄海工贸有限责任公司

地址电话：西安市未央区未央路 86 号　029-86515891

金额单位：元

序号	发票种类	类别代码	发票号码	开票日期	购方税号	合计金额	合计税额	税率
1	专用发票	6100092140	00948007	2011-01-04	610824783669018	61 538.46	10 461.54	17%
2	专用发票	6100092140	00948008	2011-01-04	610824783669018	67 521.37	11 478.63	17%

表 2-11　专用发票明细表

制表日期：2011 年 02 月 01 日

专用发票统计表：1-04

正数发票废票清单（2011 年 1 月）

纳税人登记号：610104776005221

企业名称：西安黄海工贸有限责任公司

地址电话：西安市未央区未央路 86 号　029-86515891

金额单位：元

序号	发票种类	类别代码	发票号码	开票日期	购方税号	合计金额	合计税额	税率
1	专用发票	6100092140	00948006	2011-01-04	610824783669018	67 521.37	11 478.63	17%

3. 2011 年 1 月份防伪税控系统开具的增值税专用发票认证（表 2-12）

表 2-12　防伪税控系统开具的增值税专用发票认证汇总表

金额单位：元

发票代码	发票号码	开票日期	金额	税额	销货方税号	认证日期
6100093140	02706724	2010-12-02	50 000.00	8 500.00	610104750216078	2011-01-15
6100093140	00827413	2011-01-02	1752.14	297.86	610103755249269	2011-01-15
6100093140	00101133	2010-12-25	99 145.29	16 854.71	610113755267456	2011-01-15
4403101140	02504354	2011-01-05	3 574.36	607.64	440301766386817	2011-01-15

4. 企业 2011 年 1 月通过认证的运输发票（表 2-13）

表 2-13　通过认证的运输发票

全国联运行业货运统一发票

发票联

发票代码 611501521107

开票日期　2010 年 12 月 21 日　　　　发票号码 03051584

机打代码 机打号码 机器编号	61012520713 12351056 0011225	密码区	172312－4－256<1＋45 * 53 * / 181325><8189 * 69 * 09856 * / 3<3 * 2702－9>9 * 156/0 * 8/4

		运输费用	其他费用
发货人名称	安康电机有限公司	项目及金额	项目及金额
纳税人识别号	615101436237985	一、自备运输工具运输 1. 公路运费　2000.00 2. 水路运费　0.00	仓储费　0.00 包装整理费　0.00 装卸费　0.00 业务费　0.00 票签费　0.00 小计　0.00
收货人名称	西安黄海工贸有限责任公司		
纳税人识别号	610104776005221	二、代付运费 1. 铁路运输　0.00 2. 公路运输　0.00 3. 水路运输　0.00 4. 航空运输　0.00 小计：　2 000.00	
发货站（港）安康	到站　西安		垫付费用
货物名称　件数　计费重量　包装			项目及金额
电机　30　台			保险费　0.00 邮寄费　0.00 小计　0.00
合计人民币（大写）贰仟元整			
承办人名称 纳税人识别号	安康市运输公司 615101431352315	主管税务 机关及代码	26192123

安康市运输公司 税号 615101431352315 发票专用章

开票单位盖章　　开票人：张明　　收款人：张明　　手写无效

5. 2011 年 1 月 6 日缴纳上年应缴增值税原始凭证

应缴增值税原始凭证见表 2-14。

6. 增值税纳税申报表及附表

增值税纳税申报表及附表资料见表 2-15～表 2-18。

表 2-14　完税凭证

中华人民共和国
税收通用缴款书

(20082)陕国缴电　1675221　国

隶属关系：省级

注册类型：　　填表日期：2011 年 01 月 06 日　　征收机关：

缴款单位	代码	610104776005221	预算科目	编码	101010101
	全称	西安黄海工贸有限责任公司		名称	增值税
	开户银行	西安工商银行未央路支行		级次	中央 75%省 7.5%县区 17.5%
	账号	3700019029000511768	收缴国库		碑林支库

税款所属时期：2008 年 12 月　　税款限缴日期：2011 年 01 月 18 日

品目名称	课税数量	计税金额或销售收入	税率或单位税额	已缴或扣除额	实缴金额
销售收入		265 882.35	17%	15 200.00	30 000.00
金额合计	（大写）人民币叁万元整				30 000.00
缴款单位（盖章） 经办人（章）	税务机关（盖章） 填票人（章）	上列款项已收妥并划转收款单位账户 国库（银行）盖章 2004 年 12 月 5 日		备注：	

逾期不缴按税法规定加收滞纳金

（印章：西安黄海工贸有限公司 财务专用章；西安市未央区国家税务局 征税专用章；中国工商银行西安市未央路支行 营业室 2011.01.06 业务清讫 (18)）

表 2-15　增值税纳税申报表

（适用于增值税一般纳税人）

根据《中华人民共和国增值税暂行条例》第二十二条和第二十三条的规定制定本表。纳税人不论有无销售额，均应按主管税务机关核定的纳税期限按期填报本表，并于次月一日起十五日内，向当地税务机关申报。

税款所属时间：自　　年　月　日至　　年　月　日　填表日期：　　年　月　日　　金额单位：元至角分

纳税人识别号					所属行业：	
纳税人名称	（公章）	法定代表人姓名		注册地址		营业地址
开户银行及账号		企业登记注册类型		电话号码		

项目		栏次	一般货物及劳务		即征即退货物及劳务	
			本月数	本年累计	本月数	本年累计
销售额	（一）按适用税率征税货物及劳务销售额	1				
	其中：应税货物销售额	2				
	应税劳务销售额	3				
	纳税检查调整的销售额	4				
	（二）按简易征收办法征税货物销售额	5				
	其中：纳税检查调整的销售额	6				
	（三）免、抵、退办法出口货物销售额	7			—	—
	（四）免税货物及劳务销售额	8			—	—
	其中：免税货物销售额	9			—	—
	免税劳务销售额	10			—	—

续表

项目		栏次	一般货物及劳务		即征即退货物及劳务	
			本月数	本年累计	本月数	本年累计
税款计算	销项税额	11				
	进项税额	12				
	上期留抵税额	13		—		—
	进项税额转出	14				
	免抵退货物应退税额	15			—	—
	按适用税率计算的纳税检查应补缴税额	16			—	—
	应抵扣税额合计	17=12+13-14-15+16		—		—
	实际抵扣税额	18（如 17<11，则为 17，否则为 11）				
	应纳税额	19=11-18				
	期末留抵税额	20=17-18		—		—
	简易征收办法计算的应纳税额	21				
	按简易征收办法计算的纳税检查应补缴税额	22			—	—
	应纳税额减征额	23				
	应纳税额合计	24=19+21-23				
税款缴纳	期初未缴税额（多缴为负数）	25				
	实收出口开具专用缴款书退税额	26			—	—
	本期已缴税额	27=28+29+30+31				
	①分次预缴税额	28		—		—
	②出口开具专用缴款书预缴税额	29		—	—	—
	③本期缴纳上期应纳税额	30				
	④本期缴纳欠缴税额	31				
	期末未缴税额（多缴为负数）	32=24+25+26-27				
	其中：欠缴税额（≥0）	33=25+26-27		—		—
	本期应补（退）税额	34=24-28-29		—		—
	即征即退实际退税额	35	—	—		
	期初未缴查补税额	36			—	—
	本期入库查补税额	37			—	—
	期末未缴查补税额	38=16+22+36-37			—	—

授权声明	如果你已委托代理人申报，请填写下列资料： 为代理一切税务事宜，现授权 （地址）　为本纳税人的代理申报人，任何与本申报表有关的往来文件，都可寄予此人。 授权人签字：	申报人声明	此纳税申报表是根据《中华人民共和国增值税暂行条例》的规定填报的，我相信它是真实的、可靠的、完整的。 声明人签字：

以下由税务机关填写：

收到日期：　　　　接收人：　　　　主管税务机关盖章：

表 2-16　增值税纳税申报表附列资料（表一）

（本期销售情况明细）

税款所属时间：　年　月

西安云英实业有限公司

纳税人名称：（公章）　　填表日期：　年　月　日　　金额单位：元至角分

一、按适用税率征收增值税货物及劳务的销售额和销项税额明细													
项目	栏次	应税货物						应税劳务			小计		
		17%税率			13%税率								
		份数	销售额	销项税额	份数	销售额	销项税额	份数	销售额	销项税额	份数	销售额	销项税额
防伪税控系统开具的增值税专用发票	1												
非防伪税控系统开具的增值税专用发票	2	—	—	—	—	—	—	—	—	—	—	—	—
开具普通发票	3												
未开具发票	4	—			—			—			—		
小计	5=1+2+3+4	—			—			—			—		
纳税检查调整	6	—			—			—			—		
合计	7=5+6	—			—			—			—		

二、简易征收办法征收增值税货物的销售额和应纳税额明细										
项目	栏次	6%征收率			4%征收率			小计		
		份数	销售额	应纳税额	份数	销售额	应纳税额	份数	销售额	应纳税额
防伪税控系统开具的增值税专用发票	8									
非防伪税控系统开具的增值税专用发票	9	—	—	—	—	—	—	—	—	—
开具普通发票	10									
未开具发票	11	—			—			—		
小计	12=8+9+10+11	—			—			—		
纳税检查调整	13	—			—			—		
合计	14=12+13	—			—			—		

三、免征增值税货物及劳务销售额明细										
项目	栏次	免税货物			免税劳务			小计		
		份数	销售额	税额	份数	销售额	税额	份数	销售额	税额
防伪税控系统开具的增值税专用发票	15				—	—	—			
开具普通发票	16			—			—			—
未开具发票	17	—		—	—		—	—		—
合计	18=15+16+17	—			—		—	—		

表 2-17　增值税纳税申报表附列资料（表二）

（本期进项税额明细）

税款所属时间：　　年　　月

纳税人名称：（公章）　　　填表日期：　　年　　月　　日　　　金额单位：元至角分

一、申报抵扣的进项税额				
项目	栏次	份数	金额	税额
（一）认证相符的防伪税控增值税专用发票	1			
其中：本期认证相符且本期申报抵扣	2			
前期认证相符且本期申报抵扣	3			
（二）非防伪税控增值税专用发票及其他扣税凭证	4			
其中：海关进口增值税专用缴款书	5			
农产品收购发票或者销售发票	6			
废旧物资发票	7			
运输费用结算单据	8			
6%征收率	9	—	—	—
4%征收率	10	—	—	—
（三）外贸企业进项税额抵扣证明	11	—	—	
当期申报抵扣进项税额合计	12			
二、进项税额转出额				
项目	栏次			税额
本期进项税转出额	13			
其中：免税货物用	14			
非应税项目用、集体福利、个人消费	15			
非正常损失	16			
按简易征收办法征税货物用	17			
免抵退税办法出口货物不得抵扣进项税额	18			
纳税检查调减进项税额	19			
未经认证已抵扣的进项税额	20			
红字专用发票通知单注明的进项税额	21			
三、待抵扣进项税额				
项目	栏次	份数	金额	税额
（一）认证相符的防伪税控增值税专用发票	22	—		—
期初已认证相符但未申报抵扣	23			
本期认证相符且本期未申报抵扣	24			
期末已认证相符但未申报抵扣	25			
四、待抵扣进项税额				
项目	栏次	份数	金额	税额
其中：按照税法规定不允许抵扣	26			
（二）非防伪税控增值税专用发票及其他扣税凭证	27			
其中：海关进口增值税专用缴款书	28			
农产品收购发票或者销售发票	29			
废旧物资发票	30			
运输费用结算单据	31			
6%征收率	32	—	—	—
4%征收率	33	—	—	—
	34			

续表

五、其他				
项目	栏次	份数	金额	税额
本期认证相符的全部防伪税控增值税专用发票	35			
期初已征税款挂账额	36	—	—	
期初已征税款余额	37	—	—	
代扣代缴税额	38	—	—	

注：第 1 栏=第 2 栏+第 3 栏=第 23 栏+第 35 栏-第 25 栏；第 2 栏=第 35 栏-第 24 栏；第 3 栏=第 23 栏+第 24 栏-第 25 栏；第 4 栏等于第 5 栏至第 10 栏之和；第 12 栏=第 1 栏+第 4 栏+第 11 栏；第 13 栏等于第 14 栏至第 21 栏之和；第 27 栏等于第 28 栏至第 34 栏之和。

表 2-18　固定资产进项税额抵扣情况表

纳税人识别号：　　　　　　　　　　　　　　　　纳税人名称（公章）：

填表日期：　　年　　月　　日　　　　　　　　　　　　　　　　金额单位：元至角分

项目	当期申报抵扣的固定资产进项税额	当期申报抵扣的固定资产进项税额累计
增值税专用发票		
海关进口增值税专用缴款书		
合　计		

注：本表一式二份，一份纳税人留存，一份主管税务机关留存

项目3

消费税计算与申报

项目介绍

✧ 消费税主要是以体现国家消费政策，调节产业结构，调节分配为目的，对特定的消费品和消费行为征收的一种税。它是在对货物普遍征收增值税的基础上，选择部分消费品再征收一道消费税，以达到国家调节产品结构，引导消费，增加财政收入的目的。本项目主要介绍消费税的征收依据、纳税人、税目、应纳税额的计算和纳税申报方法。

能力目标

✧ 能够准确计算应纳消费税的金额。
✧ 会填写消费税的纳税申报表。
✧ 会办理消费税的纳税申报。

知识目标

✧ 了解消费税的概念，知道消费税的征税范围。
✧ 理解消费税税目、税率。
✧ 掌握消费税的计算方法。
✧ 掌握消费税申报表的填报方法和填报要求。

社会目标

✧ 具有诚信的品格和依法纳税的意识。
✧ 具有严谨细致的职业素养。
✧ 具有较强的责任感和团队合作精神。

任务1 消费税纳税知识准备

消费税是我国开征的流转税之一，具有征税项目的选择性、征税环节的单一性、征税方法的多样性、税负具有转嫁性、平均税率水平较高性等特点。对于企业办税人员来说，只有熟练掌握消费税的征税范围、纳税人、税目、税率等相关基本知识，才能为正确核算企业应纳税额并及时完成消费税的申报缴纳工作打下基础。

工作任务

认识消费税

李小萌在会计李琳的指导下完成了西安云英实业有限公司8月份增值税的核算和申报表的填写工作后，看到报税大厅有纳税人申报缴纳消费税。在校时李小萌曾学习过消费税，经会计李琳提示，李小萌快速在脑海回忆有关知识：什么是消费税？其征税范围、税目、纳税人、税率是什么？

一、消费税的概念

消费税是对在我国境内从事生产、委托加工和进口应税消费品的单位和个人，就其销售额或销售数量，在特定环节征收的一种税。单位是指企业、行政单位、事业单位、军事单位、社会团体及其他单位。个人是指个体工商户及其他个人。

二、消费税的征税范围

消费税的课征范围只限于国家限制的少数商品，我国现行税法确定征收消费税的只有烟、酒及酒精、化妆品、贵重首饰及珠宝玉石、成品油、鞭炮焰火、汽车轮胎、小汽车、摩托车、高尔夫球及球具、高档手表、游艇、木制一次性筷子、实木地板14个税目。消费税属于价内税，实行单一环节征税。消费税的征税范围如表3-1所示。

表3-1 消费税的征税范围

征税范围	征税环节	说明
1. 生产应税消费品	生产销售环节	1. 在生产销售环节征税后，货物在流通环节无论再转销多少次，均不用再交消费税 2. 生产应税消费品除了直接对外销售应征收消费税外，纳税人将生产的应税消费品换取生产资料、消费资料、投资入股、偿还债务等均应缴纳消费税
2. 委托加工应税消费品	委托加工环节	—
3. 进口应税消费品	进口环节	进口环节消费税由海关代征
4. 零售应税消费品	零售环节	在零售环节征收消费税的消费品仅限于金银首饰

三、消费税的税目与税率

税目是指征收对象的具体化。目前，我国消费税税目共有 14 个，有的税目还进一步划分为若干个子目。具体税目及税率如表 3-2 所示。

表 3-2 消费税税目及税率表

税　目	税　率
一、烟	
1. 卷烟	
（1）甲类卷烟	56%加 0.003 元/支
（2）乙类卷烟	36%加 0.003 元/支
2. 雪茄烟	36%
3. 烟丝	30%
二、酒及酒精	
1. 白酒	20%加 0.5 元/500 克（或者 500 毫升）
2. 黄酒	240 元/吨
3. 啤酒	
（1）甲类啤酒	250 元/吨
（2）乙类啤酒	220 元/吨
4. 其他酒	10%
5. 酒精	5%
三、化妆品	30%
四、贵重首饰及珠宝玉石	
1. 金银首饰、铂金首饰和钻石及钻石饰品	5%
2. 其他贵重首饰和珠宝玉石	10%
五、鞭炮、焰火	15%
六、成品油	
1. 汽油	
（1）含铅汽油	1.40 元/升
（2）无铅汽油	1.00 元/升
2. 柴油	0.80 元/升
3. 航空煤油	0.80 元/升
4. 石脑油	1.00 元/升
5. 溶剂油	1.00 元/升
6. 润滑油	1.00 元/升
7. 燃料油	0.80 元/升
七、汽车轮胎	3%
八、摩托车	
1. 气缸容量（排气量，下同）在 250 毫升（含 250 毫升）以下的	3%
2. 气缸容量在 250 毫升以上的	10%
九、小汽车	
1. 乘用车	
（1）气缸容量（排气量，下同）在 1.0 升（含 1.0 升）以下的	1%
（2）气缸容量在 1.0 升以上至 1.5 升（含 1.5 升）的	3%
（3）气缸容量在 1.5 升以上至 2.0 升（含 2.0 升）的	5%
（4）气缸容量在 2.0 升以上至 2.5 升（含 2.5 升）的	9%
（5）气缸容量在 2.5 升以上至 3.0 升（含 3.0 升）的	12%
（6）气缸容量在 3.0 升以上至 4.0 升（含 4.0 升）的	25%
（7）气缸容量在 4.0 升以上的	40%
2. 中轻型商用客车	5%
十、高尔夫球及球具	10%
十一、高档手表	20%
十二、游艇	10%
十三、木制一次性筷子	5%
十四、实木地板	5%

四、消费税纳税义务发生时间

消费税纳税义务发生时间表如表3-3所示。

表3-3 消费税纳税义务发生时间

销售方式	纳税义务发生的时间
直接收款	收到销售款或者取得索取销售款凭据的当天
托收承付和委托银行收款	发出货物并办妥托收手续的当天
赊销和分期收款	合同规定的收款日期的当天
委托其他纳税人代销货物	收到代销单位的代销清单或者收到全部或者部分货款的当天。未收到代销清单及货款的，为发出代销货物满180天的当天
预收货款	货物发出的当天
自产自用	移送使用的当天
委托加工	纳税人提货的当天
进口货物	报关进口的当天

五、纳税期限

消费税的纳税期限分别为1日、3日、5日、10日、15日、1个月或者1个季度。纳税人的具体纳税期限，由主管税务机关根据纳税人应纳税额的大小分别核定；不能按照固定期限纳税的，可以按次纳税。

纳税人以1个月或者1个季度为1个纳税期的，自期满之日起15日内申报纳税；以1日、3日、5日、10日或者15日为1个纳税期的，自期满之日起5日内预缴税额款，于次月1日起15日内申报纳税并结清上月应纳税额。扣缴义务人解缴税款的期限，依照前两款规定执行。纳税人进口货物，应当自海关填发海关进口消费税专用缴款书之日起15日内缴纳税款。

六、纳税地点

1）固定业户应当向其机构所在地的主管税务机关申报纳税。总机构和分支机构不在同一县（市）的，应当分别向各自所在地的主管税务机关申报纳税；经国务院财政、税务主管部门或者其授权的财政、税务机关批准，可以由总机构汇总向总机构所在地的主管税务机关申报纳税。固定业户到外县（市）销售货物或者应税劳务，应当向其机构所在地的主管税务机关申请开具外出经营活动税收管理证明，并向其机构所在地的主管税务机关申报纳税；未开具证明的，应当向销售地或者劳务发生地的主管税务机关申报纳税；未向销售地或者劳务发生地的主管税务机关申报纳税的，由其机构所在地的主管税务机关补征税款。

2）非固定业户销售货物或者应税劳务，应当向销售地或者劳务发生地的主管税务机关申报纳税；未向销售地或者劳务发生地的主管税务机关申报纳税的，由其机构所在地或者居住地的主管税务机关补征税款。

3）进口货物，应当向报关地海关申报纳税。扣缴义务人应当向其机构所在地或者居住地的主管税务机关申报缴纳其扣缴的税款。

任务2 消费税的计算

纳税是企业对国家和社会所担负的义不容辞的责任。消费税是价内税。办税人员必须掌握消费税的计算方法，按规定，在企业应税义务发生时，准确及时核算应纳税额，确保消费税纳税申报的顺利进行。

工作任务

应纳消费税额的计算

李小萌复习了相关消费税的知识，熟悉了消费税的计算方法。你知道如何计算消费税吗？

一、消费税的计税依据

按我国现行税法规定，消费税应纳税额的计算主要有从量定额、从价定率、从量定额与从价定率相结合的复合计征三种计算方法。其公式如表3-4所示。

表3-4 消费税的计算公式

主要计算方法	计算公式	适用范围
从价定率计征	应纳税额＝销售额×比例税率	绝大多数应税消费品
从量定额计征	应纳税额＝销售数量×定额税率	啤酒、黄酒、成品油
复合计征	应纳税额＝销售额×比例税率＋销售数量×定额税率	卷烟、粮食白酒、薯类白酒

（一）从价计征

1. 销售额的一般规定

销售额是指纳税人销售应税消费品向购买方收取的全部价款及价外费用。价外费用是指向购买方收取的手续费、补贴、基金、集资费、返还利润、奖励费、违约金、滞纳金、赔偿金、代收代垫款、包装费、包装物租金、储备费、优质费、运输包装费、其他价外费用。价外费用均应并入纳税人的销售额计算征税。但不包括以下费用：

（1）受托加工应征消费税的消费品所代收代缴的消费税

（2）同时符合以下条件的代垫运费

1）承运部门的运输费用发票开具给购买方的。

2）纳税人将该发票转交给购买方。

（3）同时符合以下条件代为收取的政府性基金或者行政事业收费

1）由国务院或者财政部门批准设立的政府性基金，由国务院或省级人民政府及其财政、价格主管部门批准设立的行政事业性收费。

2）收取时开具省级以上财政部门印制的财政收据。

3）销售货物的同时代办保险等而向购买方收取的保险费，以及向购买方收取的代购

买方缴纳的车辆购置费、车辆牌照费。

小提示

含增值税销售额的换算

应税消费品在缴纳消费税的同时，与一般货物相同，还应当缴纳增值税。按规定，应税消费品的销售额，不包括应向购买方收取的增值税税款。如果纳税人应税消费品的销售额为含增值税的销售额，则在计算消费税时，应将含增值税的销售额换算为不含增值税税款的销售额。其换算公式为：

应税消费品的销售额＝含增值税的销售额÷（1＋增值税税率或征收率）

2. 应税消费品包装物的计税规定

商品在销售时有时是需要包装物的，有关包装物的收费形式主要有采取收取押金形式和包装物随同消费品一起出售的形式。包装物的有关处理如下。

（1）非酒类产品的包装物

1）应税消费品连同包装物销售，无论是否单独计价，均应视同价外费用并入应税消费品的销售额中征收消费税。

2）包装物不随商品出售，而是收取押金，则此项押金不并入应税销售额中征税。但是，对于逾期未收回包装物而不再退还的押金和已收取一年以上押金，应并入应税消费品的销售额征收消费税。

（2）酒类产品的包装物（不包括从量计征的啤酒和黄酒产品）

无论采取哪种形式，均视同价外费用，征收消费税。

（二）从量计征

在从量定额计算方法下，应纳税额的多少取决于应税消费品的销售数量和单位税额两个因素。销售数量是指纳税人生产、加工和进口应税消费品的销售数量。具体规定如下：

1）销售应税消费品的，为应税消费品的销售数量。

2）自产自用应税消费品的，为应税消费品的移送使用数量。

3）委托加工应税消费品的，为纳税人收回的应税消费品的数量。

4）进口的应税消费品，为海关核定的应税消费品进口征税数量。

（三）从价从量复合计征

现行消费税的征税范围中，只有卷烟、粮食白酒、薯类白酒采用复合计征方法。应纳税额取决于销售数量、定额税率、销售额及比例税率等因素。

生产销售卷烟、粮食类白酒、薯类白酒从量定额计征依据为实际销售数量。进口、委托加工、自产自用卷烟、粮食类白酒、薯类白酒从量定额计税依据分别为海关核定的进口征税数量、委托方收回数量、移送使用数量。

（四）计税依据的特殊规定

1）卷烟从价定率计税办法的计税依据为调拨价格或核定价格。调拨价是指卷烟生产企业通过卷烟交易市场与购货方签订的卷烟交易价格。核定价格是指税务机关按其零售价倒算一定比例的办法核定计税价格。

2）纳税人通过自设非独立核算门市部销售的自产应税消费品，应按照门市部对外销售额或者销售数量征收消费税。

3）兼营不同税率应税消费品的税务处理

纳税人生产销售应税消费品，如果不是单一经营某一种税率的产品，而是经营各种不同税率的产品，就是兼营行为。纳税人兼营不同税率的应税消费品，应当分别核算不同税率应税消费品的销售额、销售数量。未分别核算销售额、销售数量、或者将不同税率的应税消费品组成成套消费品销售的，从高适用税率。

二、应纳消费税额的计算

（一）生产销售环节应纳消费税的计算

纳税人在生产销售环节应缴纳的消费税，包括直接对外销售应税消费品应缴纳的消费税和自产自用应税消费品应缴纳的消费税。

1. 直接对外销售应税消费品应缴消费税的计算

直接对外销售应税消费品应缴消费税的计算公式见表 3-4 所示。

直接对外销售应税消费品可能涉及从价定率、从量定额、复合计征三种计算方法。

【例 3-1】黄海有限公司为一般纳税人。主要从事酒产品的生产制造。2010 年 9 月 10 日其向开元商厦销售粮食白酒一批，增值税专用发票上列明的货款为 50 万元，增值税额为 8.5 万元，向海星超市销售粮食白酒一批，开具普通发票，取得含增值税销售额为 4.68 万元，共计 200 吨；9 月 18 日销售乙类啤酒 400 吨，每吨出厂价 3000 元。已知粮食类白酒适用的比例税率为 20%，定额税率为每 500 克 0.5 元。乙类啤酒定额税率为 220 元。计算黄海公司 9 月份应缴纳的消费税额。

解： 1）粮食类白酒适用复合计征方法计税：

应纳消费税税额＝（500 000＋46 800/1.17）×20%＋200×1 000/0.5×0.5＝308 000（元）

2）啤酒类适用从量定额计征法计税：

应纳消费税税额＝400×220＝88 000（元）

3）黄海公司 9 月份应纳消费税额合计：

应纳消费税额＝308 000＋88 000＝396 000（元）

2. 自产自用应纳消费税的计算

自产自用是指纳税人生产出应税消费品后，不是直接对外销售，而是用于自己连续生产应税消费品或者用于其他方面。

（1）用于连续生产应税消费品

纳税人自己生产的消费品，用于连续生产，继续加工应税消费品的，不纳消费税。例如，卷烟厂生产出的烟丝为应税消费品，如果烟丝不对外销售，而是卷烟厂用烟丝继续加工成卷烟，这样，烟丝就属于用于连续生产应税消费品，这时卷烟厂的烟丝就不缴纳消费税，只对生产出的卷烟征收消费税。当然，如果生产出的烟丝是直接对外销售的，那么烟丝就要征收消费税。

（2）用于其他方面的应税消费品

应税消费品用于其他方面是指纳税人将自己生产的应税消费品用于生产非应税消费品、在建工程、管理部门、非生产机构、提供劳务以及用于馈赠、赞助、集资、广告、样品、职工福利奖励等方面。凡是将自产的应税消费品用于其他方面的，于移送使用时纳税。计税时，应当以纳税人生产的同类消费品的销售价格为计税依据，如果没有同类消费品的价格的，可按组成计税价格计算纳税。组成计税价格的计算公式如下：

1）实行从价定率办法计算纳税的计算公式为：

组成计税价格＝（成本+利润）÷（1－比例税率）

应纳消费税额＝组成计税价格×比例税率

2）实行复合计征办法纳税的计算公式为：

组成计税价格＝（成本＋利润＋自产自用数量×定额税率）÷（1－比例税率）

应纳消费税额＝组成计税价格×比例税率＋自产自用数量×定额税率

小提示

公式中的“成本”指应税消费品的产品生产成本。“利润”是指根据应税消费品的全国平均成本利润率计算的利润。应税消费品的全国平均成本利润率由国家税务总局确定。

【例 3-2】洁莱亚公司将自产的成套化妆品一批发给职工作为福利，该产品无同类销售价格。已知该化妆品的成本为8000元，成本利润率为5%，消费税率为30%。计算该产品应缴的消费税税额。

解：组成计税价格＝（成本+利润）÷（1－比例税率）

＝成本×（1＋成本利润率）÷（1－比例税率）

＝8000×（1＋5%）÷（1－30%）=12000（元）

应缴消费税税额＝12000×30%＝3600（元）

（二）委托加工环节应纳消费税的计算

委托加工的应税消费品，按照受托方的同类消费品的销售价格计算纳税，如果没有同类消费品的销售价格，可以按照组成计税价格计税。其公式如下：

1. 实行从价定率办法计算纳税的计算公式

组成计税价格＝（材料成本＋加工费）÷（1－比例税率）

应纳消费税额＝组成计税价格×比例税率

2. 实行复合计征办法纳税的计算公式

组成计税价格=（材料成本+加工费+委托加工数量×定额税率）÷（1-比例税率）

应纳消费税额=组成计税价格×比例税率+委托加工数量×定额税率

知识拓展

委托加工应税消费品的相关规定

1. 委托加工的应税消费品是指由委托方提供原料和主要材料，受托方只收取加工费。

2. 委托加工的应税消费品，除受托方为个人外，由受托方在向委托方交货时代收代缴消费税款。

3. 委托方将加工收回的应税消费品直接对外销售的，无需再缴纳消费税。

4. 委托方将加工收回的应税消费品用于连续生产应税消费品的，其在委托加工环节所纳税款准予按规定抵扣。

【例 3-3】宝洁公司于 2010 年 7 月 5 日委托雅洁日化公司加工一批化妆品，宝洁提供的原材料成本为 30 万元，雅洁收取加工费 5 万元，雅洁公司无同类消费品的销售价格。计算雅洁应代收代缴的消费税税额。化妆品适用税率为 30%。

解：　组成计税价格＝（材料成本＋加工费）÷（1－比例税率）

＝（30+5）÷（1－30%）＝50（万元）

应纳消费税额＝组成计税价格×比例税率＝50×30%=15（万元）

（三）已纳消费税扣除的计算

为了避免重复征税，现行消费税规定，将外购应税消费品和委托加工收回的应税消费品继续加工生产应税消费品销售的，可以将外购应税消费品和委托加工收回应税消费品已缴纳的消费税给予扣除。具体扣除项目如表 3-5 所示。

表 3-5　已纳消费税扣除范围

外购应税消费品已纳税款 准予扣除项目	委托加工收回的应税消费品 已纳税款准予扣除项目
1. 外购已税烟丝生产的卷烟	1. 以委托加工收回的已税烟丝为原料生产的卷烟
2. 外购已税化妆品生产的化妆品	2. 以委托加工收回的已税化妆品为原料生产的化妆品
3. 外购已税珠宝玉石生产的贵重首饰及珠宝玉石	3. 以委托加工收回的已税珠宝玉石为原料生产的贵重首饰及珠宝玉石
4. 外购已税鞭炮焰火生产的鞭炮焰火	4. 以委托加工收回的已税鞭炮焰火为原料生产的鞭炮焰火
5 外购已税汽车轮胎生产的汽车轮胎	5 以委托加工收回的已税汽车轮胎生产的汽车轮胎
6. 外购已税摩托车生产的摩托车 （如用外购两轮摩托车改装三轮摩托车）	6. 以委托加工收回的已税摩托车生产的摩托车
7. 外购已税杆头、杆身和握把为原料生产的高尔夫球杆	7. 以委托加工收回的已税杆头、杆身和握把为原料生产的高尔夫球杆
8. 外购已税木质一次性筷子为原料生产的木质一次性筷子	8. 以委托加工收回的已税木质一次性筷子为原料生产的木质一次性筷子
9. 外购已税实木地板为原料生产的实木地板	9. 以委托加工收回的已税实木地板为原料生产的实木地板
10. 外购已税石脑油为原料生产的应税消费品	10. 以委托加工收回的已税石脑油为原料生产的应税消费品
11. 外购已税润滑油为原料生产的应税消费品	11. 以委托加工收回的已税润滑油为原料生产的应税消费品

小提示

纳税人以外购或委托加工收回的已税珠宝玉石生产的改在零售环节征收消费税的金银首饰，在计税时一律不得扣除外购或者委托加工收回的珠宝玉石的已纳消费税税款。

允许扣除已纳税款的应税消费品只限于从工业企业购进的应税消费品和进口环节已税的应税消费品。对从境内商业企业购进应税消费品的已纳税款一律不得扣除。

当期准予扣除的外购应税消费品已纳税款=当期准予扣除的外购应税消费品买价×外购应税消费品适用税率

$$\text{当期准予扣除的外购应税消费品买价}=\text{期初库存的外购应税消费品的买价}+\text{当期购进的应税消费品的买价}-\text{期末库存的外购应税消费品的买价}$$

外购已税消费品的买价是指购货发票上注明的销售额（不包括增值税款）。

税法规定应按当期生产领用数量计算准予扣除外购或者委托加工收回的应税消费品已纳的消费税税款。计算公式为：

$$\text{当期准予扣除的委托加工应税消费品已纳税款}=\text{期初库存的委托加工应税消费品已纳税款}+\text{当期收回的委托加工应税消费品已纳税款}-\text{期末库存的委托加工应税消费品已纳税}$$

【例3-4】某卷烟厂2010年8月初库存外购已税烟丝金额20万元，8月15日又购入应税烟丝50万元（不含增值税），本月生产领用后，月末还库存烟丝金额10万元。烟丝适用税率为30%。请计算该卷烟厂8月份准予扣除的外购烟丝已缴纳的消费税税额。

解： 8月份准予扣除的外购烟丝的金额＝20＋50－10＝60（万元）

8月份准予扣除的外购烟丝已缴纳的消费税税额＝60×30%＝18（万元）

三、消费税的会计核算

为了准确核算企业消费税的缴纳情况，应设置“应交税费——应交消费税”，该账户借方反映企业实际缴纳的消费税和待抵扣的消费税，贷方反映按规定应缴纳的消费税，期末贷方余额反映尚未缴纳的消费税，期末借方余额反映多缴或待扣的消费税。

1）企业生产应税消费品直接对外，计算应缴消费税时，借记“营业税金及附加”贷记“应交税费——应交消费税”。

2）实际缴纳消费税时，借记“应交税费——应交消费税”贷记“银行存款”。

任务3 消费税纳税申报

消费税纳税人应当按规定及时办理纳税申报，填写消费税纳税申报表及附表，向主管税务机关进行纳税申报。

▌工作任务

消费税纳税申报表的填写

李小萌学会了计算应缴消费税税额，请和他一起学习消费税纳税申报表及附表的填列。

一、消费税纳税申报表及附表的填报方法

纳税人办理消费税纳税申报手续时，应根据纳税人所涉及应税消费品的类别分别如实填写《烟类应税消费品消费税纳税申报表》及附表、《酒及酒精消费税纳税申报表》及附表、《成品油消费税纳税申报表》及附表、《小汽车消费税纳税申报表》及附表、《其他应税消费品消费税纳税申报表》及附表。本书仅以《其他应税消费品消费税纳税申报表》为例，说明申报表的填报方法。《其他应税消费品消费税纳税申报表》如表 3-6 所示。

表 3-6　其他应税消费品消费税纳税申报表

税款所属期：　　年　　月　　日至　　年　　月　　日

纳税人名称（公章）：　　　　纳税人识别号：□□□□□□□□□□□□□□□□□□□□

填表日期：　　年　　月　　日　　　　　　　　金额单位：元（列至角分）

项目 应税消费品名称	适用税率	销售数量	销售额	应纳税额
合计	—			

本期准予抵减税额： 本期减（免）税额： 期初未缴税额：	**声明** 此纳税申报表是根据国家税收法律的规定填报的，我确定它是真实的、可靠的、完整的。 经办人（签章）： 财务负责人（签章）： 联系电话：
本期缴纳前期应纳税额： 本期预缴税额： 本期应补（退）税额： 期末未缴税额：	（如果你已委托代理人申报，请填写） 授权声明 为代理一切税务事宜，现授权____________（地址）________________为本纳税人的代理申报人，任何与本申报表有关的往来文件，都可寄予此人。 授权人签章：

以下由税务机关填写

受理人（签章）：　　　　受理日期：　　年　　月　　日　　　　受理税务机关（章）：

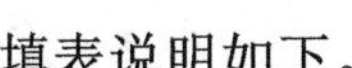

填表说明如下。

1）本表限化妆品、贵重首饰及珠宝玉石、鞭炮焰火、汽车轮胎、摩托车、高尔夫球及球具、高档手表、游艇、木制一次性筷子、实木地板等消费税纳税人使用。

2）本表“应税消费品名称”和“适用税率”按照以下内容填写。

化妆品：30%；贵重首饰及珠宝玉石：10%；金银首饰（铂金首饰、钻石及钻石饰品）：5%；鞭炮焰火：15%；汽车轮胎（除子午线轮胎外）：3%；汽车轮胎（限子午线轮胎）：3%（免税）；摩托车（排量＞250 毫升）：10%；摩托车（排量≤250 毫升）：3%；高尔夫球及球具：10%；高档手表：20%；游艇：10%；木制一次性筷子：5%；实木地板：5%。

3）本表“销售数量”为《中华人民共和国消费税暂行条例》、《中华人民共和国消费税暂行条例实施细则》及其他法规、规章规定的当期应申报缴纳消费税的应税消费品销售（不含出口免税）数量。计量单位是：汽车轮胎为套；摩托车为辆；高档手表为只；游艇为艘；实木地板为平方米；木制一次性筷子为万双；化妆品、贵重首饰及珠宝玉石（含金银首饰、铂金首饰、钻石及钻石饰品）、鞭炮焰火、高尔夫球及球具按照纳税人实际使用的计量单位填写并在本栏中注明。

4）本表“销售额”为《中华人民共和国消费税暂行条例》、《中华人民共和国消费税暂行条例实施细则》及其他法规、规章规定的当期应申报缴纳消费税的应税消费品销售（不含出口免税）收入。

5）根据《中华人民共和国消费税暂行条例》的规定，本表“应纳税额”计算公式如下：

应纳税额＝销售额×适用税率

6）本表“本期准予扣除税额”按本表附件一的本期准予扣除税款合计金额填写。

7）本表“本期减（免）税额”不含出口退（免）税额。

8）本表“期初未缴税额”填写本期期初累计应缴未缴的消费税额，多缴为负数。其数值等于上期“期末未缴税额”。

9）本表“本期缴纳前期应纳税额”填写本期实际缴纳入库的前期消费税额。

10）本表“本期预缴税额”填写纳税申报前已预先缴纳入库的本期消费税额。

11）本表“本期应补（退）税额”计算公式如下，多缴为负数：

本期应补（退）税额=应纳税额（合计栏金额）－本期准予扣除税额－本期减（免）税额－本期预缴税额

12）本表“期末未缴税额”计算公式如下，多缴为负数：

期末未缴税额＝期初未缴税额＋本期应补（退）税额－本期缴纳前期应纳税额

13）本表为 A4 竖式，所有数字小数点后保留两位。一式二份，一份纳税人留存，一份税务机关留存。

思考与练习

思考题

1．消费税的征税范围有哪些？

2．消费税在哪些环节征税？纳税人是谁？

3．应税消费品包装物的计税规定是什么？

4. 哪些应税消费品采用复合计税方法？

实训

一、实训目的

熟悉征收消费税的项目，掌握消费税的纳税申报方法。

二、实训要求

1）计算委托加工物资的成本及应缴纳的消费税额。
2）计算模拟实训月份企业应缴的消费税。
3）填写消费税纳税申报表。

三、实训资料

1. 企业基本情况

企业名称：洁莱雅化妆品有限公司
法定代表人：张强
财务负责人：陈锦
办税人员：狄海燕
注册资本：100 万元
注册地址：东海市南坪街 458 号
经营范围：护肤品、护发品、美容化妆品的生产、销售
成立时间：2005 年 02 月 10 日
税务登记证号：280801002202354
开户银行及账号：工行东海支行 180001902735460078 9
电话：0316-32477549

2. 企业消费税涉税业务资料

洁莱雅化妆品有限公司 2009 年 3 月发生如下消费税涉税业务：

该企业没有期初库存委托加工应税消费品，上期无应缴消费税税额，本期也未预缴消费税。

1）3 月 5 日，销售本月自产化妆品面膜 1 000 件，不含增值税（下同）销售额为 30 万元。

2）3 月 4 日，给女职工发放化妆品共 10 盒，该化妆品对外售价为 3 000 元。

3）3 月 6 日委托倩雅日用化工有限公司加工一批化妆品香料，香料成本为 110 000 元。

4）3 月 17 日支付倩雅日用化工有限公司加工费 12 780 元。

5）3 月 17 日计算并支付受托方代垫消费税税额。收回的香料继续作为原材料继续加工化妆品。

6）3 月 20 日，销售香水 200 瓶，销售收入 152 000 元，款未收。

7）根据业务 1）～6）计算本月应缴消费税额。计算表见表 3-7。

表 3-7　消费税应纳税额计算表

	应税消费品名称	应税销售额	适用税率	本期消费税
本期消费税计算				
	小计			
可扣除税额	已税消费品名称	代扣代缴计税价	适用税率	本期扣除税额
	小计			
本期应纳税额	税额		本月数	本年累计数
	应纳税额			
	可扣除税额			
	应纳消费税额			

3．企业消费税纳税申报表

企业消费税纳税申报表见表 3-8 所示。

表 3-8　其他应税消费品消费税纳税申报表

税款所属期：　　年　　月　　日至　　年　　月　　日

纳税人名称（公章）：　　　　纳税人识别号

填表日期：　　年　　月　　日　　　　金额单位：元（列至角分）

项目 应税消费品名称	适用税率	销售数量	销售额	应纳税额
合计	—	—	—	

本期准予抵减税额： 本期减（免）税额： 期初未缴税额：	**声明** **此纳税申报表是根据国家税收法律的规定填报的，我确定它是真实的、可靠的、完整的。** 经办人（签章）： 财务负责人（签章）： 联系电话：
本期缴纳前期应纳税额： 本期预缴税额： 本期应补（退）税额： 期末未缴税额：	（如果你已委托代理人申报，请填写） **授权声明** 为代理一切税务事宜，现授权____________ __________（地址）_______________为本纳税人的代理申报人，任何与本申报表有关的往来文件，都可寄予此人。 授权人签章：

以下由税务机关填写

受理人（签章）：　　　　受理日期：　　年　　月　　日　　　　受理税务机关（章）：

项目4

营业税计算与申报

项目介绍

✧ 在流转税征收领域，增值税和营业税是并列的两个税种。一项经营业务，要么缴纳增值税，要么缴纳营业税，如果征收了营业税就不再征收增值税，反之亦然。营业税是对在我国境内提供营业税应税劳务、转让无形资产、转让不动产的单位和个人征收的一种税。营业税征收范围广，涉及行业多，作为一名合格的企业纳税岗位人员，必须掌握营业税的征收范围、纳税人、税目、税率，应纳税额的计算方法和申报缴纳的方法。

能力目标

✧ 能够准确计算应纳营业税的金额。
✧ 会填写营业税的纳税申报表。
✧ 会办理营业税的纳税申报。

知识目标

✧ 了解营业税的概念，知道营业税的征税范围。
✧ 理解营业税的计税依据、税率。
✧ 理解营业税的优惠政策。
✧ 掌握营业税的计算方法。
✧ 掌握营业税纳税申报表的填报方法和填报要求。

社会目标

✧ 具有良好的语言表达、职业沟通和协调能力。
✧ 能与税务部门建立良好的关系。
✧ 具有诚信的品格和较强的责任感。
✧ 具有良好的团队合作精神。

任务 1　营业税纳税知识准备

营业税是我国主要的流转税之一，是目前我国地方税收收入的主要税种。办税人员在进行营业税的计算和申报时，必须要准确掌握营业税的征税范围、纳税人、税率等相关规定。

工作任务

认识营业税

张玲和李小萌是同班同学，她实习的公司是阳光旅游有限责任公司。该公司与李小萌所在的公司业务及涉及的流转税也完全不同。阳光旅游公司不涉及增值税及消费税。营业税是该公司主要的税种。你知道什么是营业税、营业税的征收范围、营业税纳税人及税率吗？

一、营业税的概念

营业税是对我国境内提供应税劳务、转让无形资产或销售不动产的单位和个人，就其取得的营业收入为征税对象的一种税。

二、纳税人和扣缴义务人

（一）纳税人

在中华人民共和国境内提供应税劳务、转让无形资产或者销售不动产的单位和个人，为营业税的纳税人。单位指企业、行政事业单位、军队、社会团体等。个人指个体工商户及其他有经营行为个人。

小提示

单位或者个体工商户聘用的员工为本单位或者雇主提供规定的劳务，不包括在内，不属于营业税的纳税人。

（二）营业税扣缴义务人

1）中华人民共和国境外的单位或者个人在境内提供应税劳务、转让无形资产或者销售不动产，在境内未设有经营机构的，以其境内代理人为扣缴义务人；在境内没有代理人的，以受让方或者购买方为扣缴义务人。

2）国务院财政、税务主管部门规定的其他扣缴义务人。

三、营业税的征税范围

（一）征税范围的基本规定

在中华人民共和国境内提供应税劳务、转让无形资产或者销售不动产均应缴纳营业税，属于营业税的征收范围。

小提示

上述应税劳务是指属于交通运输业、建筑业、金融保险业、邮电通信业、文化体育业、娱乐业、服务业的劳务。

加工和修理、修配劳务属于增值税的应税劳务，不属于营业税的应税劳务。

在中华人民共和国境内提供应税劳务、转让无形资产或者销售不动产是指有偿提供应税劳务、有偿转让无形资产或者不动产。有偿，是指取得货币、货物或者其他经济利益。

（二）几种特殊经营行为征税范围的划分

实际生活中，纳税人的经营行为和经营形式往往是多样的。正确处理不同经营活动的税收问题是维护税法严肃性和保护纳税人合法权益的客观需要。

1）混合销售行为（见增值税章节）

2）兼营行为（见增值税章节）

四、营业税的税率和税目

营业税按照不同的经营业务，分行业划分税目。现行营业税共设置了9个税目，有的税目下还设置了若干子目，它是税目的具体表现。税率按行业、类别使用不同的比例税率。具体规定如表4-1所示。

表4-1　营业税的税目及税率表

税目	征收范围	税率
1．交通运输业	包括陆路运输、水路运输、航空运输、管道运输、装卸搬运五大类。凡与运营业务有关的各项劳务活动，均属交通运输业的税目。包括：通用航空业务，航空地面服务，打捞，理货，港务局提供的引航、系解缆、停泊、移泊等劳务及引水员交通费、过闸费、货物港务费等	3%
2．建筑业	建筑、安装、修缮、装饰（装修）、其他工程作业	3%
3．邮电通信业	邮政、电信	3%
4．文化体育业	文化业、体育业	3%
5．金融保险	金融、保险、其他金融业	5%
6．服务业	代理业、旅店业、饮食业、旅游业、仓储业、租赁业、广告业、其他服务业	5%

续表

税目	征收范围	税率
7. 娱乐业	歌厅、舞厅、卡拉 OK 歌舞厅、音乐茶座、台球、高尔夫球、保龄球场、网吧、游艺场等娱乐场所，以及娱乐场所为顾客进行娱乐活动提供服务的业务。娱乐场所为顾客提供的饮食服务及其他各种服务也按照娱乐业征税	5%～20%
8. 转让无形资产	转让土地使用权、转让商标权、转让专利权、转让非专利技术、出租电影拷贝、转让著作权和转让商誉。以无形资产投资入股，共担投资风险的，不征营业税。在投资期内转让其股权的也不征营业税	5%
9. 销售不动产	销售建筑物或构筑物和销售其他土地附着物。在销售不动产时连同不动产所占土地的使用权一并转让的行为，比照销售不动产征收营业税。 单位或个人将不动产无偿赠送他人，应视同销售不动产，征收营业税	5%

知识拓展

营业税改征增值税

2011 年 11 月 16 日，财政部和国家税务总局发布经国务院同意的《营业税改征增值税试点方案》，同时印发了《交通运输业和部分现代服务业营业税改征增值税试点实施办法》、《交通运输业和部分现代服务业营业税改征增值税试点有关事项的规定》和《交通运输业和部分现代服务业营业税改征增值税试点过渡政策的规定》，明确从 2012 年 1 月 1 日起，在上海市交通运输业和部分现代服务业开展营业税改征增值税试点。

从 2012 年 1 月 1 日起，上海市的交通运输业适用 11%的增值税税率，研发和技术服务、文化创意、物流辅助和鉴证咨询等现代服务业适用 6%的增值税税率。

国家将密切跟踪上海市试点运行情况，认真总结试点经验，逐步扩大试点范围，力争在“十二五”期间将改革逐步推广到全国范围。

五、营业税纳税义务发生的时间、纳税期限、纳税地点

（一）纳税义务发生的时间

纳税义务发生的时间一般规定为纳税人收讫营业额或取得索款凭据的当天。具体如下。

1）转让土地使用权或销售不动产的，采取预收货款方式的，为收到预收款的当天。

2）单位或个人自己新建建筑物销售，自建行为纳税义务发生时间为销售自建建筑物并收讫营业额或取得索款凭据的当天。

3）将不动产无偿赠与他人，为不动产所有权转移的当天。

4）会员费、席位费和资格保证金为收取款项或收到索款凭据的当天。

5）扣缴义务发生时间为扣缴义务人代纳税人收讫营业收入款项或取得索款凭据的当天。

6）建筑业如果是合同完成后一次结算的，为结算工程款的当天；如果实行旬末或月中预支、月终结算、竣工后清算的，为月份终了结算已完成工程款结算的当天；如果是按工程进度分不同阶段结算的，为结算的当天；如果采取其他结算方式，为结算工程款的当天。

7）贷款业务逾期 90 天未收回的，为取得利息收入权利的当天。逾期 90 天以上新发生的利息为收到利息的当天。

8）融资租赁为取得租金收入或取得索款凭据的当天。

9）金融商品的转让，为金融商品所有权转移之日。

10）金融经纪业务和其他金融业务，为取得营业收入或取得索款凭据的当天。

11）保险业务为取得保费或索款凭据的当天。

12）金融企业代办委托贷款业务为受托发放贷款的金融机构代委托人收讫贷款利息的当天。

13）电信部销售电话卡为售出电话卡并取得收入或索款凭据的当天。

（二）纳税期限

营业税的纳税期限分别为5日、10日、15日、1个月或者1个季度。纳税人的具体纳税期限，由主管税务机关根据纳税人应纳税额的大小分别核定；不能按照固定期限纳税的，可以按次纳税。

银行、财务公司、信托投资公司、信用社、外国企业常驻代表机构的纳税期限为1个季度。保险业的纳税期限为1个月。

纳税人以1个月或者1个季度为1个纳税期的，自期满之日起15日内申报纳税；以5日、10日或者15日为1个纳税期的，自期满之日起5日内预缴税款，于次月1日起15日内申报纳税并结清上月应纳税款。

扣缴义务人解缴税款的期限，依照前两款规定执行。

（三）纳税地点

原则上采取属地原则，在经营行为发生地缴纳税款，具体规定如下。

1）纳税人提供应税劳务应当向其机构所在地或者居住地的主管税务机关申报纳税。但是，纳税人提供的建筑业劳务以及国务院财政、税务主管部门规定的其他应税劳务，应当向应税劳务发生地的主管税务机关申报纳税。

2）纳税人转让无形资产应当向其机构所在地或者居住地的主管税务机关申报纳税。但是，纳税人转让、出租土地使用权，应当向土地所在地的主管税务机关申报纳税。

3）纳税人销售、出租不动产应当向不动产所在地的主管税务机关申报纳税。

4）扣缴义务人应当向其机构所在地或者居住地的主管税务机关申报缴纳其扣缴的税款。

六、营业税的税收优惠

（一）起征点

对于经营营业税应税项目的个人，营业税规定了起征点。营业额低于起征点的免征营业税，营业额达到或超过起征点的按全额计算纳税。自2011年11月1日起，税法规定的起征点如下。

1）按期纳税的，为月营业额5 000～20 000元。

2）按次纳税的，为每次（日）营业额300～500元。省、自治区、直辖市财政厅（局）、税务局应当在规定的幅度内，根据实际情况确定本地区适用的起征点。

（二）下列项目免征营业税

1）托儿所、幼儿园、养老院、残疾人福利机构提供的育养服务，婚姻介绍、殡葬服务。

2）残疾人员个人为社会提供的劳务。

3）医院、诊所和其他医疗机构提供的医疗服务。

4）学校和其他教育机构提供的教育劳务，学生勤工俭学提供的劳务。

5）农业机耕、排灌、病虫害防治、植保、农牧保险以及相关技术培训业务，家禽、牲畜、水生动物的配种和疾病防治。

6）纪念馆、博物馆、文化馆、美术馆、展览馆、书画院、图书馆、文物保护单位举办文化活动的门票收入，宗教场所举办文化、宗教活动的门票收入。

7）境内保险机构为出口货物提供的保险产品。

8）对单位和个人从事技术转让、技术开发业务和与之相关的技术咨询、技术服务业务取得的收入免征营业税。个人转让著作权，免征营业税。

任务2　营业税的计算

营业税按照行业划分税目，实行不同的比例税率。学习营业税的计算与缴纳，必须熟练掌握各个应税项目的计税依据的界定方法和应纳税额的计算方法。

工作任务

营业税的计算

1. 企业基本情况

企业名称：假日休闲酒店有限责任公司

法定代表人：杨绍国

财务负责人：段成刚

办税人员：刘磊

注册资本：1000万元

注册地址：西安市太华路128号

经营范围：住宿、餐饮、运输等

税务登记证号：610103753245667

开户银行及账号：工行西安支行3700019029000500898

电话：029-86615620

地税管理代码：013181397

2. 企业2010年4月业务资料

1）客房收入共计：211000元。

2）餐饮收入共计：185000元。

3）运输部运输收入共计：70000元。

请问假日休闲酒店有限责任公司2010年4月份应缴纳的营业税是多少？

一、营业税的计税依据

（一）计税依据的一般规定

在一般情况下，营业税以纳税人提供应税劳务、转让无形资产和销售不动产向对方收取的营业额全额作为计税依据。

营业额为纳税人提供应税劳务、转让无形资产和销售不动产向对方收取的全部价款和价外费用。价外费用包括收取的基金、集资费、返还利润、补贴、违约金、手续费、代收款项、代垫款项以及其他各种性质的价外收费。凡价外费用，无论会计制度规定如何核算，均应并入营业额中作为计税依据。但不包括同时符合以下条件代为收取的政府性基金或者行政事业性收费：

1）由国务院或者财政部批准设立的政府性基金，由国务院或者省级人民政府及其财政及价格主管部门批准设立的行政事业性收费。

2）收取时开具省级以上财政部门印制的财政票据。

3）所收款项全额上缴财政。

（二）计税依据的具体规定

1. 交通运输业

1）纳税人将承揽的运输业务分给其他单位和个人的，以其取得的全部价款和价外费用扣除其支付给其他单位或个人的运输费用后的余额作为营业额。

2）运输企业自中华人民共和国境内运输旅客或者货物出境，在境外改由其他运输企业承运旅客或者货物，以全程运费减去付给该承运企业的运费后的余额为营业额。

小提示

自2010年1月1日起，对中华人民共和国境内单位或个人提供的国际运输劳务免征营业税。

国际运输劳务是指以下几种情况：

1）在境内载运旅客或货物出境。

2）在境外载运旅客或货物入境。

3）在境外发生载运旅客或货物的行为。

2. 建筑业

1）建筑业的总承包人将工程分包或转包他人的，以工程的全部承包额减去付给分包人或转包人的价款后的余额作为计税依据。

2）纳税人提供建筑业劳务（不含装饰劳务）的，其营业额应当包括工程所用原材料、设备及其他物资和动力价款在内，但不包括建设方提供的设备的价款。

3）从事安装工程作业的，凡所安装的设备价值计入安装工程产值的，设备价款应计入营业额。

4）单位或个人将不动产无偿赠与他人，由主管税务机关按规定核定营业额，征收营业税。纳税人将自建的房屋对外销售，应按建筑业缴纳营业税和按销售不动产缴纳营业税。纳税人自建自用的房屋，不征营业税。

3. 金融保险业

1）一般贷款，以纳税人发放贷款所取得的利息收入全额（包括加息、罚息）为营业额征收营业税。

2）转贷业务，以贷款利息收入减去借款利息支出后的余额为营业额征收营业税。

3）外汇、有价证券、非货物期货和其他金融商品买卖业务，以卖出价减去买入价后的余额为营业额。

4）金融经纪业务和其他金融业务以金融服务手续费等收入为营业额。

5）初保业务的营业额为纳税人向投保人收取的全部保险费。

4. 娱乐业

娱乐业征税的范围包括：歌厅、舞厅、卡拉OK歌舞厅、音乐茶座、台（桌）球、高尔夫球、保龄球、游艺、网吧。营业额包括收取的门票收入、台位费、点歌费、烟酒饮料费及经营娱乐的其他各项收费。

5. 邮电通信业

邮电通信业征税范围包括：邮政业、电信业、邮政电信业、邮政物品的销售、邮政储蓄、电话安装、电信物品的销售、其他邮政电信业务。计税依据为邮政电信业务的营业额。

6. 服务业

服务业的营业额是指各种服务业的营业额，包括纳税人提供代理业、旅店业、饮食业、旅游业、仓储业、租赁业、广告业或其他服务业的应税劳务向对方收取的全部价款和价外费用。

7. 文化体育业

文化体育业包括文化业（表演、播映、其他文化业、经营游览场所）和体育业（举办各种体育比赛和为体育活动提供场所的业务）。

1）文化体育业的营业额为纳税人经营文化业、体育业取得的全部收入。

2）单位或个人进行演出，以全部票价收入或者包场收入减去付给提供演出场所的单位、演出公司或者经纪人的费用后的余额为营业额。

8. 转让无形资产

转让无形资产的计税营业额为转让无形资产所取得的全部收入，包括受让方支付给转让方的全部货币和其他经济利益。

9. 销售不动产

销售不动产的计税依据是纳税人销售不动产向购买方收取的全部价款及价外费用。

二、营业税的计算

应纳营业税额的计算比较简单。纳税人提供应税劳务、转让无形资产或销售不动产，按照营业额和规定的适用税率计算应纳营业税。营业税的计算公式为：

应纳税额＝营业额×适用税率

小提示

纳税人兼营不同税率应税劳务的，应当分别核算应纳税额，若没分别核算，则适用最高税率缴纳营业税。

【例 4-1】根据项目 4 任务 2 工作任务中资料，计算该公司 2010 年 4 月份应缴纳的营业税。

解：假日休闲酒店有限责任公司客房收入应纳营业税额＝211 000×5%＝10 550（元）

假日休闲酒店有限责任公司餐饮收入应纳营业税额＝185 000×5%＝9 250（元）

假日休闲酒店有限责任公司运输收入应纳营业税额＝70 000×3%＝2 100（元）

假日休闲酒店有限责任公司 4 月份应纳营业税额＝10 550＋9 250＋2 100＝21 900（元）

三、营业税的核算

企业主营业务应缴纳营业税的核算，一般涉及“营业税金及附加”与“应交税费——应交营业税”两个账户。

1. 收到相关款项，确认收入（营业额）时

借：银行存款等相关科目
　　贷：主营业务收入等科目

2. 计算应缴纳营业税时

借：营业税金及附加
　　贷：应交税费——应交营业税

3. 实际缴纳营业税时

借：应交税费——应交营业税
　　贷：银行存款

【例 4-2】根据项目 4 任务 2 工作任务中的资料，假日休闲酒店有限责任公司 4 月份计算应缴营业税时的会计分录为：

借：营业税金及附加　　21 900
　　贷：应交税费——应交营业税　　21 900

任务 3　营业税纳税申报

纳税人应当按规定及时办理纳税申报，填写纳税申报表及附表，向主管税务机关进行纳税申报。

工作任务

营业税纳税申报表的填写

例 4-1 中已计算出了阳光酒店有限责任公司 4 月份应纳营业税额，请完成该公司 4 月份的纳税申报。

一、营业税的纳税申报

纳税人应当按《营业税暂行条例》的有关规定及时办理纳税申报，并如实填写《营业税纳税申报表》。申报表见表 4-2。

二、营业税纳税申报表的填写

【例 4-3】阳光酒店有限责任公司 4 月份应纳营业税额纳税申报表，申报表见表 4-2。

表 4-2　营业税纳税申报表（适用于查账征收的营业税纳税人）

纳税人识别号：610103755248298　　　电脑代码：013181268

纳税人名称（公章）阳光酒店有限责任公司　　税款所属时间：自 2010 年 4 月 1 日至 2010 年 4 月 30 日　　填表日期：2010 年 4 月 30 日　　金额单位：元（列至角分）

税目	行次	营业额								税率/%	本期税款计算			税款缴纳								
		应税收入	前期多缴项目营业额				应税减除项目金额	应税营业额	免税收入		小计	本期应纳税额	免(减)税额	期初欠缴税额	前期多缴税额	本期已缴税额				本期应缴税额计算		
			小计	营业额冲减	事后审批减免	其他										小计	已缴本期应纳税额	本期已被扣缴税额	本期已缴欠缴税额	小计	本期期末应缴税额	本期期末应缴欠缴税额
		1	2=3+4+5	3	4	5	6	7=1−6	8	9	10=11+12	11=7×9	12=8×9	13	14=2×9	15=16+17+18	16	17	18	19=20+21	20=11−14−16−17	21=13−18
交通运输业	1	70 000	70 000					70 000		3	2 100	2 100								2 100	2 100	
建筑业	2																					
邮电通讯业	3																					
服务业	4	396 000	396 000					396 000		5	19 800	19 800								19 800	19 800	
娱乐业 5%税率	5																					
娱乐业 10%税率	6																					
娱乐业 20%税率	7																					
金融保险业	8																					
文化体育业	9																					
销售不动产	10																					
转让无形资产	11																					
	12																					
	13																					
合　计	14																					
代扣代缴项目	15																					
代扣代缴项目	16																					
总　计	17	466 000	466 000					466 000			21 900	21 900								21 900	21 900	

纳税人或代理人声明：此纳税申报表是根据国家税收法律的规定填报的，我确定它是真实的、可靠的、完整的。	如纳税人填报，由纳税人填写以下各栏： 办税人员 任媛媛　财务负责人（签章）：于成彪　法定代表人（签章）：王伟华　联系电话：029-86615620 如委托代理人填报，由代理人填写以下各栏： 代理人名称：　经办人（签章）：　联系电话：　代理人（公章）：

以下由税务机关填写：

受理人：　　受理日期：　年　月　日　　受理税务机关（签章）

本表为 A3 横式一式三份，一份纳税人留存，一份主管税务机关留存，一份征收部门留存。

思考与练习

一、单项选择题

1．下列项目中征收营业税的是（　　）。

A．加工服装　　B．修理劳务

C．邮电通信　　D．进口货物

2．下列不属于营业税的税率有（　　）。

A．5%　　B．3%

C．20%　　D．17%

3．根据《营业税暂行条例》的规定，纳税人销售不动产，其申报缴纳营业税的地点是（　　）。

A．纳税人经营所在地　　B．纳税人居住地

C．不动产所住地　　D．销售不动产行为发生地

4．下列不征营业税的有（　　）。

A．自建自用建筑物　　B．贷款业务

C．转让无形资产　　D．娱乐业收入

5．金融保险业营业税的税率是（　　）。

A．3%　　B．5%

C．17%　　D．25%

二、多项选择题

1．营业税的纳税义务人包括在中华人民共和国境内（　　）的单位和个人。

A．提供应税劳务　　B．销售体育用品

C．销售不动产　　D．转让无形资产

2．下列收入应纳营业税的有（　　）。

A．销售化妆品的收入

B．电信公司为客户安装电话，并销售话机取得的收入

C．歌厅的烟酒饮料收入

D．理发店的理发收入

3．下列行为属于兼营行为的是（　　）。

A．某酒店既开设客房、餐厅，又开设商场，为客户提供多方位服务

B．某电器销售商销售电器时同时负责送货

C．某会所既经营娱乐业务、又经营美容美法及餐饮服务业务

D．开元商厦既销售百货，又提有供餐厅服务和游戏厅服务

4．根据《营业税暂行条例》的规定，下列营业税的扣缴义务人表述正确的是（　　）

A．建筑安装业务实行转包的，以总承包人为扣缴义务人

B．个人转让著作权，其应纳税款以转让者为扣缴义务人

C．委托金融机构发放贷款，以受托发放的金融机构为扣缴义务人

D．个人演出，单位代售票的，应以单位为扣缴义务人

5．营业税税率为5%的有（　　）。

A．餐厅餐饮收入　　B．建筑安装业

C．金融业　　D．转让无形资产

三、练习题

凯华歌厅2011年8月份取得的门票收入及烟酒饮料收入共计150 000元，请计算该歌舞厅8月份应缴纳的营业税，并做出账务处理。

项目5

企业所得税计算与申报

项目介绍

✧ 所得税又称收益税。企业所得税是以企业的生产经营所得和其他所得为征税对象的一种税。企业所得税是财政收入的重要来源。本项目主要阐述企业所得税的概念、纳税人、税率、优惠政策、计算和申报方法。

能力目标

✧ 能够准确计算企业应纳税所得额和应纳税额。
✧ 会填写所得税的季度预缴纳税申报表。
✧ 会填写企业所得税年度纳税申报表。

知识目标

✧ 了解应纳税所得额的概念，知道应纳税所得额和会计利润的关系。
✧ 明确收入总额、不征税收入、免税收入的界定。
✧ 了解企业所得税的相关优惠政策。
✧ 掌握准予税前扣除的项目和有关项目税前扣除标准。
✧ 掌握企业所得税季度预缴纳税申报表和年度纳税申报表的填报方法和填报要求。

社会目标

✧ 具有依法兼顾国家和企业利益的素质。
✧ 具有诚信的品格和较强的责任感。
✧ 能与税务部门建立良好的关系。
✧ 具有良好的团队合作精神。

任务1　企业所得税计算和申报的知识准备

企业所得税是以企业的生产经营所得和其他所得征收的一种税。要准确进行企业所得税的计算和申报，需要具有良好的财务会计知识，熟悉所得税的纳税人、征收对象、应税收入、税前扣除项目及标准、减免税等规定。

工作任务

认识企业所得税

李小萌经过一段时间的实习，对增值税、营业税及消费税的计算和申报有了深入的掌握，对做好企业纳税工作更有信心了。2011年7月1日，李琳告诉李小萌要申报企业所得税，对李小萌提出问题："完成企业所得税的计算申报需要具备哪些知识？"

一、企业所得税的纳税义务人及征税对象

企业所得税的纳税义务人，指在中华人民共和国境内的企业和其他取得收入的组织。分为居民企业和非居民企业。

企业所得税的征税对象为企业生产经营所得、其他所得和清算所得。

企业所得税的纳税义务人、征税对象如图5-1所示。

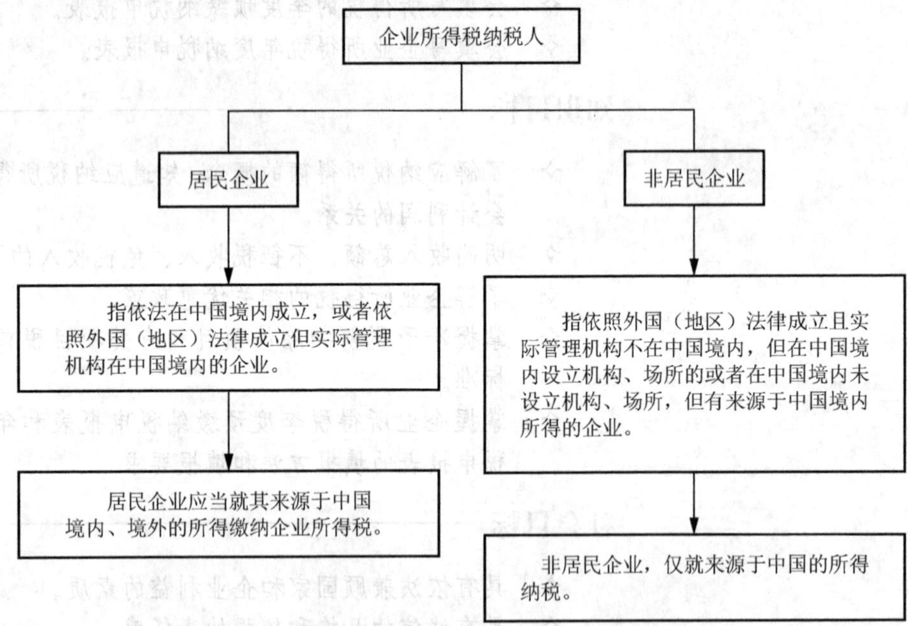

图5-1　企业所得税的纳税义务人及征税对象

二、企业所得税税率

根据现行税法，我国所得税税率包括基本税率及优惠税率。税率及税目如表 5-1 所示。

表 5-1　企业所得税的税目税率表

税率种类	税率	适 用 范 围
基本税率	25%	①居民企业 ②非居民企业在中国境内设立机构、场所的小型微利企业
优惠税率	20%	小型微利企业
	15%	国家重点扶持的高新技术企业
	10%	非居民企业在中国境内未设立机构、场所的，或者虽设立机构、场所但取得的所得与其所设机构、场所没有实际联系的

任务 2　企业所得税计算

企业所得税的计算必须从正确核算收入、费用、税金、营业外支出入手，正确计算出当期应纳税所得额，选择适用税率，才能完成所得税的计算。

工作任务

计算企业所得税

1．企业基本情况

企业名称：鑫磊化工有限公司

法定代表人：赵小海

财务负责人：程小　　　办税人员：朱哲敏

注册资本：5000 万元

注册地址：东海市南坪街 789 号

经营范围：护肤品、护发品、美容化妆品的生产、销售

成立时间：2005 年 02 月 10 日

税务登记证号：280601002203549

开户银行及账号：工行东海支行 1800019027354601298

电话：0316-32378889

职工人数：1000 人

鑫磊化工有限公司为增值税一般纳税人，企业所得税实行按年计算，分季据实预缴的办法，以前年度没有未弥补的亏损。

2．企业 2009 年 1～12 月份损益类账户的相关资料，见表 5-2。请问该公司 2009 年应纳税所得额及应纳的所得税为多少？

表 5-2 鑫磊化工有限公司 1～12 月份损益类账户发生额

单位：元

行次	账户名称	1～12 月累计借方发生额	1～12 月累计贷方发生额
1	主营业务收入（销售货物收入）		6 725 000.00
2	投资收益（国债利息收入）		40 000.00
3	营业外收入		200 000.00
4	主营业务成本（销售货物成本）	4 950 000.00	
5	销售费用	1 000 000.00	
6	管理费用（其中招待费 58 000.00，广告费 120 000.00）	400 000.00	
7	财务费用	200 000.00	
8	营业税金及附加	30 000.00	
9	资产减值损失（计提的存货跌价准备）	150 000.00	
10	营业外支出（其中行政罚款 10 000.00，非公益性捐赠 10 000.00，赞助费 20 000.00，经济合同违约赔款 10 000.00）	50 000.00	

一、应纳税所得额的计算

企业所得税计税依据是企业的应纳税所得额，它是企业每一纳税年度的收入总额，减除不征税收入、免税收入、各项扣除额以及允许弥补的以前年度亏损的余额。基本公式为：

应纳税所得额＝收入总额－不征税收入－免税收入－各项扣除额
－允许弥补以前年度亏损

（一）计税收入

1．收入总额的确定

1）销售货物收入；

2）提供劳务收入；

3）转让财产收入：包括转让固定资产、有价证券、股权以及其他财产而取得的收入；

4）股息、红利等权益性投资收益：包括纳税人对外投资入股分得的股息、红利收入；

5）利息收入：不包括纳税人购买国债的利息收入；

6）租金收入；

7）特许权使用费收入：指纳税人提供或者转让无形资产的使用权而取得的收入；

8）接受捐赠收入；

9）其他收入：包括固定资产盘盈收入、罚款收入、因债权人缘故确实无法支付的应付款项，物资及现金的溢余收入，教育费附加返回款，包装物押金收入以及其他收入。

2．不征税收入

1）财政拨款；

2）依法收取并纳入财政管理的行政事业性收费、政府性基金；

3）国务院规定的其他不征税收入。

3. 免税收入

1）国债利息收入；

2）符合条件的居民企业之间的股息、红利等权益性投资收益；

3）在中国境内设立机构、场所的非居民企业从居民企业取得与该机构、场所有实际联系的股息、红利等权益性投资收益；

4）符合条件的非营利组织的收入。

小提示

纳税人购买国债的利息收入，不计入应纳税所得额；纳税人购买国家重点建设债券和金融债券的利息收入，应计入应纳税所得额。

（二）准许扣除项目的范围和标准

1. 扣除范围

纳税年度企业实际发生的与取得收入有关的、合理的支出，包括成本、费用、税金、损失和其他支出，准予在计算应纳所得额时扣除。

小提示

应特别关注允许在税前扣除的具体税种，包括：

①销售税费中的 6 税 1 费：消费税、营业税、资源税、土地增值税、关税、城市维护建设税、教育费附加等产品销售税金及附加；增值税属于价外税，在应纳税所得额中不得扣除。②4 个费用性税金：房产税、车船税、土地使用税、印花税。如果四种税已经计入管理费用中扣除的，不再作为税金单独扣除。

2. 部分扣除项目的具体范围和扣除标准

（1）工资、薪金支出

企业实际发生的合理的职工工资及薪金，准予在税前据实扣除。

（2）职工福利、工会经费、职工教育经费

企业发生的职工福利支出，不超过工资薪金总额 14%的部分准予扣除。

企业拨缴的工会经费，不超过工资薪金总额 2%的部分准予扣除。

企业发生的职工教育经费支出，不超过工资薪金总额 2.5%的部分准予扣除，超过部分准予结转以后纳税年度扣除。

（3）社会保险费

按照国务院有关主管部门或省级人民政府规定的范围和标准为职工缴纳的基本医疗

保险、基本养老保险、失业保险、工伤保险、生育保险等基本社会保险费和住房公积金，准予扣除。

企业参加财产保险，按照规定缴纳的保险费，准予扣除。企业为投资者或职工支付的商业保险，不得扣除。

（4）借款利息支出

企业在生产、经营过程中，向金融企业借款的利息支出，按照实际发生数扣除；向非金融企业借款的利息支出，不高于按照金融企业同类、同期贷款基准利率计算的数额以内的部分，准予扣除。

（5）业务招待费

企业发生的与生产经营活动有关的业务招待费支出，按照发生额的60%扣除，但最高不得超过当年销售（营业）收入的5‰。

（6）广告费和业务宣传费

企业发生的符合条件的广告费和业务宣传费支出，除国务院、税务主管部门另有规定外，不超过当年销售（营业）收入15%的部分，准予扣除；超过部分，准予结转以后纳税年度扣除。

（7）公益性捐赠支出

公益性捐赠是指纳税人通过中国境内非营利组织的社会团体、国家机关向教育、民政等公益事业和遭受自然灾害地区、贫困地区的捐赠。纳税人直接向受赠人的捐赠不允许扣除。这里的社会团体包括中国青少年发展基金会、希望工程基金会、宋庆龄基金会、减灾委员会、中国红十字会、中国残疾人联合会、全国老年基金会、老区促进会以及经民政部门批准成立的其他非营利组织。

企业发生的公益性捐赠支出，不超过年度利润总额12%的部分，准予扣除。

年度利润总额是指企业依照国家统一会计制度的规定计算的年度会计利润。

（三）不得扣除的项目

在计算应纳所得额时不得扣除的支出如下。

1）企业所得税税款。

2）向投资者支付的股息、红利等权益性投资收益款项。

3）纳税人违反税收规定，被税务机关处以的滞纳金。

4）纳税人违反国家有关法律、法规规定，被有关部门处以罚款，以及被司法机关处以罚金和被没收财物的损失。

5）超过规定标准的捐赠支出。

6）赞助支出，指企业发生的与生产经营活动无关的各种非广告性质的支出。

7）未经核定的各项资产减值准备、风险准备等准备金支出。

8）企业之间支付的管理费、企业内营业机构之间支付的租金和特许权使用费，以及银行企业内营业机构之间支付的利息。

9）与取得收入无关的其他支出。

（四）亏损弥补

企业所得税法规定，纳税人发生年度亏损的，可以用下一纳税年度的所得弥补；下一纳税年度的所得不足弥补的，可以逐年延续弥补，但是延续弥补期最长不得超过5年。

小提示

亏损是指企业依照企业所得税法及暂行条例的规定，将每一纳税年度的收入总额减除不征税收入、免税收入和各项扣除后小于零的数额。而非会计上的亏损。

【例5-1】根据项目5任务2工作任务中资料，计算该公司2009年应纳税额。

解：鑫磊化工有限公司2009年应纳税所得额计算如下：

1）收入总额＝6 725 000.00＋200 000.00＋40 000.00＝6 965 000（元）

2）不征税收入＝0（元）

3）免税收入＝40 000.00（元）

4）各项扣除限额计算如下：

① 准予扣除的业务招待费＝33 625.00（元）

② 当年准予扣除的广告费＝120 000.00（元）

③ 不准扣除的金额＝存货跌价准备＋行政罚款＋非公益性捐赠＋赞助=150 000＋10 000＋10 000＋20 000＝190 000（元）

④ 当年各项扣除额合计＝4950 000.00＋1 000 000.00＋（400 000.00－58 000＋33 625.00）＋200 000.00＋30 000.00＋10 000.00＝6 565 625.00（元）

5）以前年度弥补额＝0（元）

6）应纳税所得额＝收入总额－不征税收入－免税收入－各项扣除额－以前年度弥补额＝6 965 000.00－0－40 000.00－6 565 625.00＝359 375.00（元）

知识拓展

应纳税所得额与会计利润总额

应纳税所得额，也称税收所得额，是一个税收概念。在实际工作中，居民企业应纳税所得额的计算一般有两种方法。

（一）直接计算法

在直接计算法下，应纳税所得额的计算与前述公式相同，即为：

应纳税所得额＝收入总额－不征税收入－免税收入－各项扣除额－允许弥补以前年度亏损

（二）间接计算法

间接计算法是在会计利润总额的基础上加减按照税法规定调整的项目金额后，即为应纳税所得额。计算公式为：

会计利润总额＝营业收入－营业成本－营业税金及附加－管理费用－财务费用－销售费用－资产减值损失＋公允价值变动收益＋投资收益＋营业外收入－营业外支出

应纳税所得额 = 会计利润 + 纳税调整增加额－纳税调整减少额

纳税调整增加额主要有:

1）会计利润计算中已扣除，但超过税法规定扣除标准部分;

2）会计利润计算中已扣除，但税法规定不得扣除的项目金额;

3）未计或少计的应税收益。

纳税调整减少额主要有:

1）弥补以前年度（5 年内）未弥补亏损额;

2）减税、免税或不征税收入;

3）研发费用加计扣除额;

二、税收优惠

1）企业从事农、林、牧、渔业的下列项目所得免征收企业所得税

①蔬菜、谷物、薯类、油料、豆类、棉花、麻类、糖料、水果、坚果的种植；②农作物新品种的选育、中药材的种植；③林木的培育和种植、牲畜、家禽的饲养；④林产品的采集；⑤灌溉、农产品初加工、兽医、农技推广、农机作业和维修等农、林、牧、渔服务业项目；⑥远洋捕捞。

2）企业从事农、林、牧、渔业的下列项目所得减半征收企业所得税。

①花卉、茶以及其他饮料作物和香料作物的种植；②海水养殖、内陆养殖。

3）企业从事国家重点扶持的公共基础设施项目的投资经营的所得，自项目取得第一笔生产经营收入所属纳税年度起，第一年至第三年免征企业所得税，第四年至第六年减半征收企业所得税。

4）企业从事符合条件的环境保护、节能节水项目的所得，自项目取得第一笔生产经营收入所属纳税年度起，第一年至第三年免征企业所得税，第四年至第六年减半征收企业所得税。

5）一个纳税年度内，居民企业技术转让所得不超过 500 万元的部分，免征企业所得税；超过 500 万元的部分，减半征收企业所得税。

6）非居民企业在中国境内未设立机构、场所的，或者虽设立机构、场所但取得的所得与其所设机构、场所没有实际联系的，应当就其来源于中国境内的所得减按 10%税率征收企业所得税。

7）符合条件的小型微利企业减按 20%的税率征收企业所得税。

小提示

符合条件的小型微利企业，是指从事国家非限制和禁止行业，并符合下列条件的企业。

（1）工业企业，年度应纳税所得额不超过 30 万元，从业人数不超过 100 人，资产总额不超过 3000 万元;

（2）其他企业，年度应纳税所得额不超过 30 万元，从业人数不超过 80 人，资产总额不超过 1000 万元。

8）国家需要重点扶持的高新技术企业，减按 15%的税率征收企业所得税。

9）企业的下列支出，可以在计算应纳税所得额时加计扣除。

① 开发新技术、新产品、新工艺发生的研究开发费用。

研究开发费用的加计扣除，是指企业为开发新技术、新产品、新工艺发生的研究开发费用，未形成无形资产计入当期损益的，在按照规定据实扣除的基础上，按照研究开发费用的 50%加计扣除；形成无形资产的，按照无形资产成本的 150%摊销。

② 安置残疾人员所支付的工资。

企业安置残疾人员的，在按照支付给残疾职工工资据实扣除的基础上，按照支付给残疾职工工资的 100%加计扣除。残疾人员是经认定的视力、听力、言语、肢体、智力和精神残疾人员。

10）创业投资企业采取股权投资方式投资于未上市的中小高新技术企业 2 年以上的，可以按照其投资额的 70%在股权持有满 2 年的当年抵扣该创业投资企业的应纳税所得额；当年不足抵扣的，可以在以后纳税年度结转抵扣。

11）企业的固定资产由于技术进步等原因，确需加速折旧的，可以缩短折旧年限或者采取加速折旧的方法。

三、应纳税额的计算

企业所得税的应纳税额为应纳税所得额乘以适用税率，其基本计算公式为：

应纳税额＝应纳税所得额×适用税率－减免税额－抵免税额

【例 5-2】根据项目 5 任务 2 工作任务中资料，计算该公司 2009 年应纳所得税税额。

解：鑫磊化工有限公司 2009 年应纳所得税税额计算如下：

应纳税额＝应纳税所得额×适用税率＝359375.00×25%＝89843.75（元）

任务 3　企业所得税纳税申报

完成企业所得税的申报工作，必须学会纳税申报表的填写以及企业所得税的征收管理规定。

工作任务

企业所得税纳税申报表的填写

1. 企业基本情况

企业名称：鑫磊化工有限公司

法定代表人：赵小海

财务负责人：程小　　　办税人员：朱哲敏

注册资本：5000 万元

注册地址：东海市南坪街 789 号

经营范围：护肤品、护发品、美容化妆品的生产、销售

成立时间：2005 年 02 月 10 日

税务登记证号：280601002203549

开户银行及账号：工行东海支行 18000190273546 01298

电话：0316-32378889

职工人数：1000 人

鑫磊化工有限公司为增值税一般纳税人，企业所得税实行按年计算，分季据实预缴的办法。以前各年度均没有未弥补的亏损，不属于小型微利企业。

2. 企业 2012 年 1 季度（1～3 月份）损益类账户的相关资料

企业 2012 年 1 季度（1～3 月份）损益类账户的相关资料见表 5-3。

表 5-3　鑫磊化工有限公司 1～3 月份损益类账户本期发生额

单位：元

行次	账户名称	1～3 月累计借方发生额	1～3 月累计贷方发生额
1	主营业务收入		670 000.00
2	投资收益（国债利息收入）		10 000.00
3	营业外收入		20 000.00
4	主营业务成本	340 000.00	
5	销售费用	100 000.00	
6	管理费用（其中业务招待费 150 000.00）	80 000.00	
7	财务费用	20 000.00	
8	营业税金及附加	12 000.00	
9	资产减值损失	10 000.00	
10	营业外支出（其中行政罚款 10 000.00）	15 000.00	
合计		577 000.00	700 000.00

3. 企业 2009 年 1～12 月份损益类账户的相关资料

企业 2009 年 1～12 月份损益类账户的相关资料见表 5-2，请根据上述资料：

1）填写该企业所得税 2012 年第一季度申报表。

2）填写 2009 年年度纳税申报表。

一、企业所得税的征收方式与纳税期限

所得税按年计征，分月或季度预缴，年终汇算清缴，多退少补。所得税的征收方式有两种：查账征收、核定征收。

税款预缴的，企业应当在月份或季度终了十五日内申报预缴，应当按照月度或者季度的实际利润额预缴；按照月度或者季度的实际利润额预缴有困难的，可以按照上一纳税年度应纳税所得额的月度或者季度平均额预缴，或者按照经税务机关认可的其他方法预缴。预缴方法一经确定，该纳税年度内不得随意变更。

自年度终了之日起 5 个月内，向税务机关报送年度企业所得税纳税申报表，并汇算清缴，结清应缴应退税款。

二、纳税申报资料

（一）季度（或）月度预缴纳税申报资料

（1）所得税预缴表（见表 5-4）

（2）财务会计报表及说明资料

（二）年度汇缴纳税申报资料

（1）所得税年度申报表（见表 5-5）

（2）所得税年度申报表附表（见表 5-6～表 5-9）

（3）财务会计报表及说明资料

（4）其他资料

企业所得税纳税申报表分为 A、B 两类，A 类适用于实行查账征收方式申报企业所得税的居民纳税人及在中国境内设立机构的非居民纳税人使用。B 类为按照核定征收管理办法缴纳企业所得税的纳税人使用。这里只就 A 类报表进行讲解。

三、企业所得税季（或月）度预缴纳税申报表（A 类）（见表 5-4）的填制方法

本表适用于实行查账征收企业所得税的居民纳税人在月（季）度预缴企业所得税时使用。

1）“税款所属期间”为税款所属期月（季）度第一日至所属期月（季）度最后一日。年度中间开业的，“税款所属期间”为当月(季)开始经营之日至所属月（季）度的最后一日。次月(季)度起按正常情况填报。

2）表中“本期金额”列，数据为所属月（季）度第一日至最后一日；“累计金额”列，数据为纳税人所属年度 1 月 1 日至所属月（季）度最后一日的累计数。

3）“营业收入”、“营业成本”、“利润总额”填报，按照企业会计制度、企业会计准则等国家会计规定核算的确定。

4）第 5 行“特定业务计算的应纳税所得额”，填报按照税收规定的特定业务计算的应纳税所得额。从事房地产开发业务的纳税人，本期取得销售未完工开发产品收入按照税收规定的预计计税毛利率计算的预计毛利额填入此行。

5）第 6 行“不征税收入”，填报计入利润总额但属于税收规定不征税的财政拨款、依法收取并纳入财政管理的行政事业性收费以及政府性基金和国务院规定的其他不征税收入。

6）第 7 行“免税收入”，填报计入利润总额但属于税收规定免税的收入或收益。

7）第 8 行“弥补以前年度亏损”，填报按照税收规定可在企业所得税前弥补的以前年度尚未弥补的亏损额。

8）第 12 行“减免所得税额”，填报按照税收规定当期实际享受的减免所得税额。

9）第 16 行“以前年度多缴在本期抵缴所得税额”，填报以前年度多缴的企业所得税税款尚未办理退税，并在本纳税年度抵缴的所得税额。

【例 5-3】根据项目 5 任务 3 工作任务中资料，填写 2012 年第 1 季度所得税预缴报表。

解： 鑫磊化工有限公司 2012 年第一季度所得税预缴报表填写如表 5-3 所示。

营业收入＝670 000＋10 000＋20 000＝700 000（元）

营业成本＝340 000＋100 000＋80 000＋20 000＋12 000
＋10 000＋15 000＝577 000（元）

利润总额＝700 000－577 000＝123 000（元）

表 5-4 鑫磊化工有限公司 2012 年第一季度所得税预缴报表

中华人民共和国企业所得税月(季)度预缴纳税申报表(A 类)

税款所属期间：2012 年 1 月 1 日 至 2012 年 3 月 31 日

纳税人识别号 ：280601002203549

纳税人名称：鑫磊化工有限责任公司　　　　金额单位： 人民币元(列至角分)

<table>
<tr><th>行次</th><th colspan="2">项 目</th><th>本期金额</th><th>累计金额</th></tr>
<tr><td>1</td><td colspan="4">一、按照实际利润额预缴</td></tr>
<tr><td>2</td><td colspan="2">营业收入</td><td>700 000</td><td>700 000</td></tr>
<tr><td>3</td><td colspan="2">营业成本</td><td>577 000</td><td>577 000</td></tr>
<tr><td>4</td><td colspan="2">利润总额</td><td>123 000</td><td>123 000</td></tr>
<tr><td>5</td><td colspan="2">加：特定业务计算的应纳税所得额</td><td></td><td></td></tr>
<tr><td>6</td><td colspan="2">减：不征税收入</td><td></td><td></td></tr>
<tr><td>7</td><td colspan="2">免税收入</td><td>10 000</td><td>10 000</td></tr>
<tr><td>8</td><td colspan="2">弥补以前年度亏损</td><td></td><td></td></tr>
<tr><td>9</td><td colspan="2">实际利润额（4+5-6-7-8）行</td><td>113 000</td><td>11 300</td></tr>
<tr><td>10</td><td colspan="2">税率(25%)</td><td>25%</td><td>25%</td></tr>
<tr><td>11</td><td colspan="2">应纳所得税额</td><td>28 250</td><td>28 250</td></tr>
<tr><td>12</td><td colspan="2">减：减免所得税额</td><td></td><td></td></tr>
<tr><td>13</td><td colspan="2">减：实际已预缴所得税额</td><td>—</td><td></td></tr>
<tr><td>14</td><td colspan="2">减：特定业务预缴（征）所得税额</td><td></td><td></td></tr>
<tr><td>15</td><td colspan="2">应补（退）所得税额（11-12-13-14）行</td><td>—</td><td>28 250</td></tr>
<tr><td>16</td><td colspan="2">减：以前年度多缴在本期抵缴所得税额</td><td></td><td></td></tr>
<tr><td>17</td><td colspan="2">本期实际应补（退）所得税额</td><td>—</td><td>28 250</td></tr>
<tr><td>18</td><td colspan="4">二、按照上一纳税年度应纳税所得额平均额预缴</td></tr>
<tr><td>19</td><td colspan="2">上一纳税年度应纳税所得额</td><td>—</td><td></td></tr>
<tr><td>20</td><td colspan="2">本月（季）应纳税所得额（19 行×1/4 或 1/12）</td><td></td><td></td></tr>
<tr><td>21</td><td colspan="2">税率(25%)</td><td></td><td></td></tr>
<tr><td>22</td><td colspan="2">本月（季）应纳所得税额（20×21）行</td><td></td><td></td></tr>
<tr><td>23</td><td colspan="4">三、按照税务机关确定的其他方法预缴</td></tr>
<tr><td>24</td><td colspan="2">本月（季）确定预缴的所得税额</td><td></td><td></td></tr>
<tr><td>25</td><td colspan="4">总分机构纳税人</td></tr>
<tr><td>26</td><td rowspan="5">总机构</td><td>总机构应分摊所得税额（15 行或 22 行或 24 行×总机构应分摊预缴比例）</td><td></td><td></td></tr>
<tr><td>27</td><td>财政集中分配所得税额</td><td></td><td></td></tr>
<tr><td>28</td><td>分支机构应分摊所得税额(15 行或 22 行或 24 行×分支机构应分摊比例)</td><td></td><td></td></tr>
<tr><td>29</td><td>其中：总机构独立生产经营部门应分摊所得税额</td><td></td><td></td></tr>
<tr><td>30</td><td>总机构已撤销分支机构应分摊所得税额</td><td></td><td></td></tr>
<tr><td>31</td><td rowspan="2">分支机构</td><td>分配比例</td><td></td><td></td></tr>
<tr><td>32</td><td>分配所得税额</td><td></td><td></td></tr>
<tr><td colspan="5">谨声明：此纳税申报表是根据《中华人民共和国企业所得税法》、《中华人民共和国企业所得税法实施条例》和国家有关税收规定填报的，是真实的、可靠的、完整的。
法定代表人（签字）：赵小海　　2012 年 3 月 31 日</td></tr>
<tr><td colspan="2">纳税人公章：
鑫磊化工有限公司
会计主管：程小 程小
填表日期：2012 年 3 月 31 日</td><td>代理申报中介机构公章：
经办人：
经办人执业证件号码：
代理申报日期： 年 月 日</td><td colspan="2">主管税务机关受理专用章：
受理人：
受理日期： 年 月 日</td></tr>
</table>

四、企业所得税年度纳税申报表（A类）(见表5-5）及其附表（见表5-6～表5-9）的填报

（一）企业所得税年度纳税申报表（A类）填写方法

应根据《中华人民共和国企业所得税法》及其实施条例的规定计算填报企业所得税年度纳税申报表（也称为主表），并依据企业会计制度、企业会计准则等企业的《利润表》以及纳税申报表相关附表的数据填报。本表是在企业会计利润总额的基础上，加减纳税调整额后计算出“纳税调整后所得”（应纳税所得额）。纳税调整额通过纳税调整明细表（附表三）集中体现。本表包括利润总额的计算、应纳税所得额的计算、应纳税额的计算和附列资料四个部分。

1）第1行“营业收入”：填报纳税人主要经营业务和其他业务所确认的收入总额。应根据“主营业务收入”和“其他业务收入”科目的发生额分析填列。一般工商企业纳税人通过附表一（1）《收入明细表》计算填列。

2）第2行“营业成本”项目，填报纳税人经营主要业务和其他业务发生的实际成本总额。应根据“主营业务成本”和“其他业务成本”科目的发生额分析填列。一般工商企业通过附表二（1）《成本费用明细表》计算填列。

3）第3行“营业税金及附加”：填报纳税人经营业务应负担的营业税、消费税、城市维护建设税、资源税、土地增值税和教育费附加等。应根据“营业税金及附加”科目的发生额分析填列。

4）第4行“销售费用”：填报纳税人在销售商品过程中发生的包装费、广告费等费用和为销售本企业商品而专设的销售机构的职工薪酬、业务费等经营费用。应根据“销售费用”科目的发生额分析填列。

5）第5行“管理费用”：填报纳税人为组织和管理生产经营发生的管理费用。应根据“管理费用”科目的发生额分析填列。

6）第6行“财务费用”：填报纳税人为筹集生产经营所需资金等而发生的筹资费用。应根据“财务费用”科目的发生额分析填列。

7）第7行“资产减值损失”：填报纳税人各项资产发生的减值损失。应根据“资产减值损失”科目的发生额分析填列。

8）第8行“公允价值变动收益”：填报纳税人按照相关会计准则规定应当计入当期损益的资产或负债公允价值变动收益，如交易性金融资产当期公允价值的变动额。应根据“公允价值变动损益”科目的发生额分析填列，如为损失，以“－”号填列。

9）第9行“投资收益”：填报纳税人以各种方式对外投资所取得的收益。应根据“投资收益”科目的发生额分析填列，如为损失，用“－”号填列。企业持有的交易性金融资产处置和出让时，处置收益部分应当自“公允价值变动损益”项目转出，列入本行，包括境外投资应纳税所得额。

10）第10行“营业利润”：填报纳税人当期的营业利润。根据上述行次计算填列。

11）第11行“营业外收入”：填报纳税人发生的与其经营活动无直接关系的各项收入。一般工商企业通过附表一《收入明细表》相关行次计算填报。

12）第12行“营业外支出”：填报纳税人发生的与其经营活动无直接关系的各项支出。一般企业通过附表二（1）《成本费用明细表》相关行次计算填报。

13）第13行“利润总额”：填报纳税人当期的利润总额。根据上述行次计算填列。金额等于第（10＋11－12）行。

14）第 14 行“纳税调整增加额”：填报纳税人未计入利润总额的应税收入项目、税收不允许扣除的支出项目、超出税收规定扣除标准的支出金额，以及资产类应纳税调整的项目，包括房地产开发企业按本期预售收入计算的预计利润等。纳税人根据附表三《纳税调整项目明细表》“调增金额”列下计算填报。

15）第 15 行“纳税调整减少额”：填报纳税人已计入利润总额，但税收规定可以暂不确认为应税收入的项目，以及在以前年度进行了纳税调增，根据税收规定从以前年度结转过来在本期扣除的项目金额。包括不征税收入、免税收入、减计收入以及房地产开发企业已转销售收入的预售收入按规定计算的预计利润等。纳税人根据附表三《纳税调整项目明细表》“调减金额”列下计算填报。

16）第 16 行“其中：不征税收入”：填报纳税人计入营业收入或营业外收入中的属于税收规定的财政拨款、依法收取并纳入财政管理的行政事业性收费、政府性基金以及国务院规定的其他不征税收入。

17）第 17 行“其中：免税收入”：填报纳税人已并入利润总额中核算的符合税收规定免税条件的收入或收益，包括国债利息收入；符合条件的居民企业之间的股息、红利等权益性投资收益；在中国境内设立机构、场所的非居民企业从居民企业取得与该机构、场所有实际联系的股息、红利等权益性投资收益；符合条件的非营利组织的收入。本行应根据“主营业务收入”、“其他业务收入”和“投资净收益”科目的发生额分析填列。

18）第 18 行“其中：减计收入”：填报纳税人以《资源综合利用企业所得税优惠目录》规定的资源作为主要原材料，生产销售国家非限制和禁止并符合国家和行业相关标准的产品按 10%的规定比例减计的收入。

19）第 19 行“其中：减、免税项目所得”：填报纳税人按照税收规定应单独核算的减征、免征项目的所得额。

20）第 20 行“其中：加计扣除”：填报纳税人当年实际发生的开发新技术、新产品、新工艺发生的研究开发费用，以及安置残疾人员和国家鼓励安置的其他就业人员所支付的工资。符合税收规定条件的，计算应纳税所得额按一定比例的加计扣除金额。

21）第 21 行“其中：抵扣应纳税所得额”：填报创业投资企业采取股权投资方式投资于未上市的中小高新技术企业 2 年以上的，可以按照其投资额的 70%在股权持有满 2 年的当年抵扣该创业投资企业的应纳税所得额；当年不足抵扣的，可以在以后纳税年度结转抵扣。

22）第 22 行“加：境外应税所得弥补境内亏损”：依据《境外所得计征企业所得税暂行管理办法》的规定，纳税人在计算缴纳企业所得税时，其境外营业机构的盈利可以弥补境内营业机构的亏损。

23）第 23 行“纳税调整后所得”：填报纳税人当期经过调整后的应纳税所得额。金额等于本表第（13＋14－15＋22）行。当本行为负数时，即为可结转以后年度弥补的亏损额（当年可弥补的所得额）；如为正数时，应继续计算应纳税所得额。

24）第 24 行“弥补以前年度亏损”：填报纳税人按税收规定可在税前弥补的以前年度亏损额。金额等于附表四《企业所得税弥补亏损明细表》第 6 行第 10 列。但不得超过本表第 23 行“纳税调整后所得”。

25）第 25 行“应纳税所得额”：金额等于本表第（23－24）行。本行不得为负数，本表第 23 行或者依上述顺序计算结果为负数，本行金额填零。

26）第 26 行“税率”：填报税法规定的税率 25%。

27）第 27 行“应纳所得税额”：金额等于本表第（25×26）行。

28）第 28 行“减免所得税额”：填列纳税人按税收规定实际减免的企业所得税额。金额等于附表五《税收优惠明细表》第 33 行。

29）第 29 行“抵免所得税额”：填列纳税人购置用于环境保护、节能节水、安全生产等专用设备的投资额，其设备投资额的 10%可以从企业当年的应纳税额中抵免；当年不足抵免的，可以在以后 5 个纳税年度结转抵免。金额等于附表五《税收优惠明细表》第 40 行。

30）第 30 行“应纳税额”：填报纳税人当期的应纳所得税额，根据上述有关的行次计算填列。金额等于本表第（27－28－29）行。

31）第 31 行“境外所得应纳所得税额”：填报纳税人来源于中国境外的应纳税所得额（如分得的所得为税后利润应还原计算），按税法规定的税率（居民企业 25%）计算的应纳所得税额。金额等于附表六《境外所得税抵免计算明细表》第 10 列合计数。

32）第 32 行“境外所得抵免所得税额”：填报纳税人来源于中国境外的所得，依照税法规定计算的应纳所得税额，即抵免限额。

企业已在境外缴纳的所得税额，小于抵免限额的，“境外所得抵免所得税额”按其在境外实际缴纳的所得税额填列；大于抵免限额的，按抵免限额填列，超过抵免限额的部分，可以在以后五个年度内，用每年度抵免限额抵免当年应抵税额后的余额进行抵补。

可用境外所得弥补境内亏损的纳税人，其境外所得应纳税额公式中“境外应纳税所得额”项目和境外所得税税款扣除限额公式中“来源于某外国的所得”项目，为境外所得，不含弥补境内亏损部分。

33）第 33 行“实际应纳所得税额”：填报纳税人当期的实际应纳所得税额。金额等于本表第（30＋31－32）行。

34）第 34 行“本年累计实际已预缴的所得税额”：填报纳税人按照税收规定本年已在月（季）累计预缴的所得税额。

35）第 35 行“其中：汇总纳税的总机构分摊预缴的税额”：填报汇总纳税的总机构 1 至 12 月份（或 1～4 季度）分摊的在当地入库预缴税额。附报《中华人民共和国汇总纳税分支机构分配表》。

36）第 36 行“其中：汇总纳税的总机构财政调库预缴的税额”：填报汇总纳税的总机构 1～12 月份（或 1～4 季度）分摊的缴入财政调节入库的预缴税额。附报《中华人民共和国汇总纳税分支机构分配表》。

37）第 37 行“其中：汇总纳税的总机构所属分支机构分摊的预缴税额”：填报分支机构就地分摊预缴的税额。附报《中华人民共和国汇总纳税分支机构分配表》。

38）第 38 行“合并纳税（母子体制）成员企业就地预缴比例”：填报经国务院批准的实行合并纳税（母子体制）的成员企业按规定就地预缴的比例。

39）第 39 行“合并纳税企业就地预缴的所得税额”：填报合并纳税的成员企业就地应预缴的所得税额。根据“实际应纳税额”和“预缴比例”计算填列。金额等于本表第（33×38）行。

40）第 40 行“本年应补（退）的所得税额”：填报纳税人当期应补（退）的所得税额。金额等于本表第（33－34）行。

41）第 41 行“以前年度多缴的所得税在本年抵减额”：填报纳税人以前年度汇算清缴多缴的税款尚未办理退税的金额，且在本年抵缴的金额。

42）第 42 行“上年度应缴未缴在本年入库所得额”：填报纳税人以前年度损益调整税款、上一年度第四季度或第 12 月份预缴税款和汇算清缴的税款，在本年入库金额。

（二）企业所得税年度纳税申报表（A 类）所属附表的填写方法

企业所得税年度申报表（A 类）包括 1 个主表和 11 个附表。本教材仅介绍几个主要附表。

附表一（1）《收入明细表》适用于执行《企业会计制度》、《小企业会计制度》、《企业会计准则》的企业，并实行查帐征收的企业所得税居民纳税人填报。根据《中华人民共和国企业所得税法》及其实施条例以及企业会计制度、企业会计准则等核算的“主营业务收入”、“其他业务收入”和“营业外收入”，以及根据税收规定应在当期确认收入的“视同销售收入”（见附表 5-6）。

附表二（1）《成本费用明细表》，根据《中华人民共和国企业所得税法》及其实施条例以及会计制度核算的“主营业务成本”、“其他业务支出”和“营业外支出”，以及根据税收规定应在当期确认收入对应的“视同销售成本”（见附表 5-7）。

附表三《纳税调整项目明细表》，需参照其他相关附表的数字分析填列（见表 5-8）。

附表四《税前弥补亏损明细表》依据《中华人民共和国企业所得税法》及其实施条例，填报本年及本年度纳税申报前 5 年度发生的尚未弥补的亏损额。本表反映纳税调整后所得为正数，按规定可弥补以前年度结转的亏损额。

附表五《税收优惠明细表》填报本纳税年度发生的免税收入、减计收入、加计扣除、减免所得额、减免税和抵免税额。

附表八《广告费和业务宣传费跨年度纳税调整表》（见表 5-9），适本表填报纳税人本年发生的全部广告费和业务宣传费支出的有关情况、按税收规定可扣除额、本年结转以后年度扣除额及以前年度累计结转扣除额等。

附表九《资产折旧、摊销纳税调整表》填列会计核算的资产折旧、摊销与税收核算有差异的固定资产、无形资产、生产性生物资产和长期待摊费用，并据以填报附表三《纳税调整项目明细表》第 43 行至第 46 行。

附表十《资产减值准备项目调整明细表》适填列会计计提的各项资产减值准备、风险准备等准备金支出，以及会计核算与税收差异填报，据以填报附表三《纳税调整明细表》第 49 行。

附表十一《长期股权投资所得（损失）明细表》填列核算的长期股权投资初始成本、持有收益、处置收益，以及上述业务会计核算与税收的差异调整情况，据以填报附表三《纳税调整表》相关项目。

小提示

1. 附表虽然很多，但不是每个企业都要填写所有附表。要根据企业性质选择相关附表。

2. 企业所得税纳税申报整套报表中，主表是最重要的，处于核心地位，填报时要以主表为核心，逐行填报。但主表的许多数据来源于附表，所以，一般先填附表再填主表数据。

【例 5-4】根据项目 5 任务 3 工作任务中资料，填写 2009 年年度纳税申报表报表。

鑫磊化工有限公司 2009 年年度纳税申报表报表填写如表 5-5～表 5-9 所示。

表 5-5　鑫磊化工有限公司 2009 年年度纳税申报表

中华人民共和国企业所得税年度纳税申报表（A 类）

税款所属期间：2009 年 1 月 1 日至 2009 年 12 月 31 日

纳税人名称：鑫磊化工有限公司

纳税人识别号：2 8 0 6 0 1 0 0 2 2 0 3 5 4 9　　　　金额单位：元（列至角分）

类别	行次	项目	金额
利润总额计算	1	一、营业收入（填附表一）	6 725 000.00
	2	减：营业成本（填附表二）	4 950 000.00
	3	营业税金及附加	30 000.00
	4	销售费用（填附表二）	1 000 000.00
	5	管理费用（填附表二）	400 000.00
	6	财务费用（填附表二）	200 000.00
	7	资产减值损失	150 000.00
	8	加：公允价值变动收益	
	9	投资收益	40 000.00
	10	二、营业利润	35 000.00
	11	加：营业外收入（填附表一）	200 000.00
	12	减：营业外支出（填附表二）	50 000.00
	13	三、利润总额（10＋11－12）行	185 000.00
应纳税所得额计算	14	加：纳税调整增加额（填附表三）	214 375.00
	15	减：纳税调整减少额（填附表三）	40 000.00
	16	其中：不征税收入	
	17	免税收入	40 000.00
	18	减计收入	
	19	减、免税项目所得	
	20	加计扣除	
	21	抵扣应纳税所得额	
	22	加：境外应税所得弥补境内亏损	
	23	纳税调整后所得（13＋14－15＋22）行	359 375.00
	24	减：弥补以前年度亏损（填附表四）	
	25	应纳税所得额（23－24）行	359 375.00
应纳税额计算	26	税率（25%）	25%
	27	应纳所得税额（25×26）行	89 843.75
	28	减：减免所得税额（填附表五）	
	29	减：抵免所得税额（填附表五）	
	30	应纳税额（27－28－29）行	
	31	加：境外所得应纳所得税额（填附表六）	
	32	减：境外所得抵免所得税额（填附表六）	
	33	实际应纳所得税额（30＋31－32）行	
	34	减:本年累计实际已预缴的所得税额	
	35	其中:汇总纳税的总机构分摊预缴的税额	
	36	汇总纳税的总机构财政调库预缴的税额	
	37	汇总纳税的总机构所属分支机构分摊的预缴税额	
	38	合并纳税（母子体制）成员企业就地预缴比例	
	39	合并纳税企业就地预缴的所得税额	
	40	本年应补（退）的所得税额（33－34）行	
附列资料	41	以前年度多缴的所得税额在本年抵减额	
	42	以前年度应缴未缴在本年入库所得税额	

纳税人公章：	代理申报中介机构公章：	主管税务机关受理专用章：
 经办人：程小	经办人及执业证件号码：	受理人：
申报日期：2010 年 4 月 8 日	代理申报日期：年 月 日	受理日期：年 月 日

表 5-6 企业所得税年度纳税申报表附表一（1）

收入明细表

填报时间：2010 年 4 月 8 日　　　　金额单位：元（列至角分）

行次	项　目	金　额
1	一、销售（营业）收入合计（2＋13）行	6 725 000.00
2	（一）营业收入合计（3＋8）行	6 725 000.00
3	1.主营业务收入（4＋5＋6＋7）行	6 725 000.00
4	（1）销售货物	6 725 000.00
5	（2）提供劳务	
6	（3）让渡资产使用权	
7	（4）建造合同	
8	2.其他业务收入（9＋10＋11＋12）行	
9	（1）材料销售收入	
10	（2）代购代销手续费收入	
11	（3）包装物出租收入	
12	（4）其他	
13	（二）视同销售收入（14＋15＋16）行	
14	（1）非货币性交易视同销售收入	
15	（2）货物、财产、劳务视同销售收入	
16	（3）其他视同销售收入	
17	二、营业外收入（18＋19＋20＋21＋22＋23＋24＋25＋26）行	200 000.00
18	1.固定资产盘盈	
19	2.处置固定资产净收益	
20	3.非货币性资产交易收益	
21	4.出售无形资产收益	
22	5.罚款净收入	200 000.00
23	6.债务重组收益	
24	7.政府补助收入	
25	8.捐赠收入	
26	9.其他	

经办人（签章）：程小　　　法定代表人（签章）：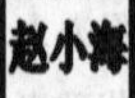

表 5-7　企业所得税年度纳税申报表附表二（1）

成本费用明细表

填报时间：2010 年 4 月 8 日　　　　金额单位：元（列至角分）

行次	项　目	金　额
1	一、销售（营业）成本合计（2+7+12）行	4 950 000.00
2	（一）主营业务成本（3+4+5+6）行	4 950 000.00
3	（1）销售货物成本	4 950 000.00
4	（2）提供劳务成本	
5	（3）让渡资产使用权成本	
6	（4）建造合同成本	
7	（二）其他业务成本（8+9+10+11）行	
8	（1）材料销售成本	
9	（2）代购代销费用	
10	（3）包装物出租成本	
11	（4）其他	
12	（三）视同销售成本（13+14+15）行	
13	（1）非货币性交易视同销售成本	
14	（2）货物、财产、劳务视同销售成本	
15	（3）其他视同销售成本	
16	二、营业外支出（17+18+…+24）行	50 000.00
17	1.固定资产盘亏	
18	2.处置固定资产净损失	
19	3.出售无形资产损失	
20	4.债务重组损失	
21	5.罚款支出	20 000.00
22	6.非常损失	
23	7.捐赠支出	10 000.00
24	8.其他	20 000.00
25	三、期间费用（26+27+28）	1 600 000.00
26	1.销售（营业）费用	1 000 000.00
27	2.管理费用	400 000.00
28	3.财务费用	200 000.00

经办人（签章）：程小　　　　法定代表人（签章）：赵小海

表 5-8　企业所得税年度纳税申报表附表三
纳税调整项目明细表

填报时间：2010 年 4 月 8 日　　　　金额单位：元（列至角分）

	行次	项目	账载金额	税收金额	调增金额	调减金额
			1	2	3	4
	1	一、收入类调整项目	*	*		
	2	1．视同销售收入（填写附表一）	*	*		*
#	3	2．接受捐赠收入	*			*
	4	3．不符合税收规定的销售折扣和折让				*
*	5	4．未按权责发生制原则确认的收入				
*	6	5.按权益法核算长期股权投资对初始投资成本调整确认收益	*	*	*	
	7	6.按权益法核算的长期股权投资持有期间的投资损益	*	*		
*	8	7．特殊重组				
*	9	8．一般重组				
*	10	9．公允价值变动净收益（填写附表七）	*	*		
	11	10．确认为递延收益的政府补助				
	12	11．境外应税所得（填写附表六）	*	*	*	
	13	12．不允许扣除的境外投资损失	*	*		*
	14	13．不征税收入（填附表一[3]）	*	*	*	
	15	14．免税收入（填附表五）	*	*	*	
	16	15．减计收入（填附表五）	*	*	*	
	17	16．减、免税项目所得（填附表五）	*	*	*	
	18	17．抵扣应纳税所得额（填附表五）	*	*	*	
	19	18．其他				
	20	二、扣除类调整项目	*	*	64 375.00	
	21	1．视同销售成本（填写附表二）	*	*	*	
	22	2．工资薪金支出				
	23	3．职工福利费支出				
	24	4．职工教育经费支出				
	25	5．工会经费支出				
	26	6．业务招待费支出	58 000.00	33 625.00	24 375.00	*
	27	7．广告费和业务宣传费支出（填写附表八）	*	*		
	28	8．捐赠支出	10 000.00	*	10 000.00	*
	29	9．利息支出				
	30	10．住房公积金				*
	31	11．罚金、罚款和被没收财物的损失	10 000.00	*	10 000.00	*
	32	12．税收滞纳金				*
	33	13．赞助支出	20 000.00	*	20 000.00	*
	34	14．各类基本社会保障性缴款				
	35	15．补充养老保险、补充医疗保险				
	36	16.与未实现融资收益相关在当期确认的财务费用				
	37	17．与取得收入无关的支出		*		*
	38	18．不征税收入用于支出所形成的费用		*		*

续表

	行次	项目	账载金额	税收金额	调增金额	调减金额
			1	2	3	4
	39	19．加计扣除（填附表五）	*	*	*	
	40	20．其他				
	41	三、资产类调整项目	*	*	150 000.00	
	42	1．财产损失	150 000.00		150 000.00	
	43	2．固定资产折旧（填写附表九）	*	*		
	44	3．生产性生物资产折旧（填写附表九）	*	*		
	45	4．长期待摊费用的摊销（填写附表九）	*	*		
	46	5．无形资产摊销（填写附表九）	*	*		
	47	6．投资转让、处置所得（填写附表十一）	*	*		
	48	7.油气勘探投资(填写附表九)				
	49	8.油气开发投资(填写附表九)				
	50	9．其他				
	51	四、准备金调整项目（填写附表十）	*	*		
	52	五、房地产企业预售收入计算的预计利润	*	*		
	53	六、特别纳税调整应税所得	*	*		*
	54	七、其他	*	*		
	55	合　　　计	*	*	214 375.00	

注：1．标有*的行次为执行新会计准则的企业填列，标有#的行次为除执行新会计准则以外的企业填列。

2．没有标注的行次，无论执行何种会计核算办法，有差异就填报相应行次，填*号不可填列

3．有二级附表的项目只填调增、调减金额，账载金额、税收金额不再填写。

经办人（签章）：程小　　　　法定代表人（签章）：赵小海

表 5-9　企业所得税年度纳税申报表附表八

广告费和业务宣传费跨年度纳税调整表

填报时间：2010 年 4 月 8 日　　　　金额单位:元（列至角分）

行次	项　目	金　额
1	本年度广告费和业务宣传费支出	120 000.00
2	其中：不允许扣除的广告费和业务宣传费支出	
3	本年度符合条件的广告费和业务宣传费支出（1－2）行	120 000.00
4	本年计算广告费和业务宣传费扣除限额的销售（营业）收入	
5	税收规定的扣除率	15%
6	本年广告费和业务宣传费扣除限额（4×5）行	1 008 750.00
7	本年广告费和业务宣传费支出纳税调整额（3≤6，本行＝2 行；3>6，本行＝1－6）	120 000.00
8	本年结转以后年度扣除额（3>6，本行＝3－6；3≤6，本行＝0）	
9	加：以前年度累计结转扣除额	
10	减：本年扣除的以前年度结转额	
11	累计结转以后年度扣除额（8+9－10）行	

经办人（签章）：

法定代表人（签章）：

思考与练习

一、单项选择题

1．国家需要重点扶持的高新技术企业，所得税减按（　　）征收。

A．10%　　B．15%　　C．20%　　D．25%

2．纳税人发生的与其生产经营有直接关系的业务招待费，按实际发生额的60%扣除；但扣除额不得超过业务收入的（　　）的限额。

A．0.5%　　B．5%　　C．50%　　D．20%

3．在下列我国境内依法成立的企业中不属于企业所得税纳税人的是（　　）。

A．个人独资企业　　B．国有企业　　C．私营企业　　D．中外合资

4．企业应当自月份或季度终了之日起（　　）日内，向税务机关报送预缴企业所得税申报表，预缴税款。

A．10　　B．15　　C．7　　D．5

5．在计算应纳税所得额时，企业财务、会计处理办法与税收法律、行政法规的规定不一致时，应当依照（　　）的规定计算。

A．按企业财务、会计处理办法　　B．按有资质的中介机构

C．按上级机关的指示　　D．按税收法律、法规

6．企业开发新技术、新产品、新工艺发生的研究开发费用，可以在计算应纳税所得额时（　　）扣除。

A．全额　　B．减半　　C．加倍　　D．加计

7．企业每一纳税年度的收入总额，减除（　　）后的余额，为应纳税所得额。

A．不征税收入、各项扣除、免税收入以及允许弥补的以前年度亏损

B．不征税收入、免税收入、各项扣除以及允许弥补的以前年度亏损

C．免税收入、不征税收入、各项扣除以及允许弥补的以前年度亏损

D．不征税收入、各项扣除、允许弥补的以前年度亏损以及免税收入

8．企业从事规定的国家重点扶持的公共基础设施项目的投资经营的所得，自项目取得第一笔生产经营收入所属纳税年度起，享受（　　）的企业所得税优惠政策。

A．“三免、二减半”

B．“二免、三减半”

C．“三免、三减半”

9．符合条件的技术转让所得免征、减征企业所得税，是指一个纳税年度内，居民企业技术转让所得不超过（　　）万元的部分，免征企业所得税；超过的部分，减半征收企业所得税。

A．30　　B．100　　C．300　　D．500

10．企业发生的公益性捐赠支出，在年度利润总额（　　）以内的部分，准予在计算应纳税所得额时扣除。

A．3%　　B．10%　　C．12%　　D．20%

二、多项选择题

1．按照企业所得税法和实施条例规定，工业企业要享受企业所得税法中小型微利企业的优惠税率，必须同时符合的有（　　）。

A．从事国家非限制和禁止行业　　B．年度应纳税所得额不超过 30 万元

C．从业人数不超过 100 人　　D．资产总额不超过 3000 万元

2．按照企业所得税法和实施条例规定，在计算应纳税所得额时，下列支出不得税前扣除的有（　　）。

A．印花税税款　　B．企业所得税税款

C．税收滞纳金　　D．向环保部门缴纳的罚款

3．企业所得税法称依法在中国境内成立的企业，包括依照中国法律、行政法规在中国境内成立的（　　）。

A．企业　　B．事业单位　　C．社会团体　　D．国家机关

4．收入总额中的下列收入为不征税收入（　　）

A．财政拨款

B．依法收取并纳入财政管理的行政事业性收费、政府性基金；

C．国家税务总局规定的其他不征税收入。

D．国债利息收入

5．企业实际发生的与取得收入有关的、合理的支出，准予在计算应纳税所得额时扣除。其中包括：（　　）

A．企业生产的成本、费用　　B．企业的消费税税金

C．企业的损失　　D．赞助支出

6．按照新企业所得税法的规定，下列各项中，免征所得税的有（　　）

A．蔬菜种植　　B．花卉种植　　C．中药材种植　　D．茶种植

三、练习题

1．2008 年度，某企业产品销售收入 900 万元，劳务收入 40 万元，出租固定资产租金收入 5 万元。该企业全年发生的产品销售成本 530 万元，销售费用 80 万元，管理费用 20 万元，财务费用 10 万元，营业外支出 3 万元（其中缴纳税收滞纳金 1 万元），按税法规定缴纳增值税 90 万元，其他税金 7.2 万元。按照税法的规定，在计算该企业应纳税所得额时，其他准予扣除项目金额为 23 万元。已知该企业适用所得税税率为 25%。

要求：

1）计算该企业 2008 年度应纳税所得额，并列出计算过程。

2）计算该企业 2008 年度应纳所得税税额，并列出计算过程。

2．某企业 2008 年全年取得收入总额为 3000 万元，取得租金收入 50 万元；销售成本、销售费用、管理费用共计 2800 万元；“营业外支出”中列支 35 万元，其中，通过希望工程基金委员会向某灾区捐款 10 万元，直接向某困难地区捐赠 5 万元，非广告性赞助 20 万元。

要求：计算该企业全年应缴纳多少企业所得税。

项目6

个人所得税计算与申报

项目介绍

✧ 个人所得税是以自然人取得的各类应税所得额为征税对象而征收的一种所得税。个人所得税的征收模式有三种：分类征收制、综合征收制和混合征收制。目前，我国个人所得税的征收采用的是分类征收制，即将纳税人不同来源、不同性质的 11 项所得项目，分别规定不同的税率征税，具有累进税率和比例税率并用，税负较低，计算简便，源泉扣缴和自行申报相结合的特点。

能力目标

✧ 能准确计算工资、薪金等个人所得应纳个人所得税税额。

✧ 会填写个人所得税纳税申报表。

✧ 会办理个人所得税的纳税申报。

知识目标

✧ 了解个人所得税的征税范围和对象。

✧ 掌握个人所得税的计算方法。

✧ 了解个人所得税的相关优惠政策。

✧ 掌握个人所得税纳税申报表的填报方法和填报要求。

社会目标

✧ 具有依法严谨的工作态度。

✧ 能与税务部门建立良好的关系。

✧ 具有诚实守信的工作作风。

任务1　个人所得税纳税知识准备

个人所得税是以自然人取得的各类应税所得为征税对象而征收的一种所得税。要求办税人员在进行个人所得税的纳税申报时，必须对我国个人所得税的征收范围、纳税人、税率、税收优惠、计算方法等熟练准确掌握。

工作任务

认识个人所得税

在会计部门实习的李小萌，月实习工资1000元，无奖金；会计部门主管李琳月工资3000元，奖金1000元；他们要缴纳个人所得税吗？个人所得税的征收项目有哪些？税率分别是多少？

一、个人所得税的纳税义务人

个人所得税的纳税人包括中国公民、个体工商户、个人独资企业与合伙企业的投资者以及在中国有所得的外籍人员（包括无国籍人员，下同）和香港、澳门、台湾同胞。个人所得税法将纳税义务人分为居民纳税人和非居民纳税人。

居民纳税人是指在中国境内有住所或者无住所而在境内居住满一年的个人。居民纳税义务人负有无限纳税义务。无论是来源于中国境内还是境外的应税所得，均应在中国缴纳个人所得税。

非居民纳税人是指在中国境内无住所又不居住或者无住所而在境内居住不满一年的个人，实际上也就是指一个纳税年度中没有在中国境内居住，或者在中国境内居住不满1年的外籍人员、华侨或港、澳、台同胞。非居民纳税义务人仅就其来源于中国境内的所得纳税。

二、个人所得税的征税范围与应税项目

根据个人所得税法的规定，下列各项个人所得应该缴纳个人所得税。

1. 工资、薪金所得

工资、薪金所得指个人因任职或者受雇而取得的工资、薪金、奖金、年终加薪、劳动分红、津贴、补贴或者与受雇有关的其他所得。

小提示

下列项目不属于工资薪金所得，不征税。

1.独生子女补贴　　2.托儿补助费　　3.差旅费、误餐补助

4. 执行公务员工资制度未纳入基本工资总额的补助、津贴差额和家属成员的副食品补贴

2. 个体工商户的生产、经营所得

3. 对企事业单位的承包经营、承租经营的所得

4. 劳务报酬所得

劳务报酬所得指个人从事设计、装潢、安装、制图、化验、测试、医疗、会计、咨询、翻译、讲学、法律、广告、录音、影视、录像、广播、演出、表演、展览、技术服务、介绍服务、经纪服务、代办服务、书画、审稿、新闻、雕刻以及其他劳务取得的所得。

5. 稿酬所得

稿酬所得指个人因其作品以图书、报刊形式出版、发表而取得的所得。

6. 特许权使用费所得

特许权使用费所得指个人提供专利权、商标权、著作权、非专利技术以及其他特许权的使用权取得的所得。

7. 利息、股息、红利所得

利息、股息、红利所得指个人拥有债权、股权而取得的利息、股息、红利所得。

8. 财产租赁所得

财产租赁所得指个人出租建筑物、土地使用权、机器设备、车船以及其他财产取得的所得。

9. 财产转让所得

财产转让所得指个人转让有价证券、股权、建筑物、土地使用权、机器设备、车船以及其他财产取得的所得。

10. 偶然所得

偶然所得指个人得奖、中奖、中彩以及其他偶然性质的所得。

11. 经国务院财政部门确定征税的其他所得

三、个人所得税税率

我国个人所得税针对不同的个人所得项目，设置了两种税率形式——超额累进税率和比例税率。

（一）超额累进税率

1）工资、薪金所得适用七级超额累进税率，税率从3%～45%（见表6-1）。

表6-1 工资、薪金所得适用七级超额累进税率表

级数	全月应纳税所得额（含税级距）	全月应纳税所得额（不含税级距）	税率/%	速算扣除数
1	不超过1 500元	不超过1 455元的	3	0
2	超过1 500元至4 500元的部分	超过1 455元至4 155元的部分	10	105
3	超过4 500元至9 000元的部分	超过4 155元至7 755元的部分	20	555
4	超过9 000元至35 000元的部分	超过7 755元至27 255元的部分	25	1 005
5	超过35 000元至55 000元的部分	超过27 255元至41 255元的部分	30	2 755
6	超过55 000元至80 000元的部分	超过41 255元至57 505元的部分	35	5 505
7	超过80 000元的部分	超过57 505元的部分	45	13 505

2）个体工商业户的生产经营所得和对企事业单位的承包经营、承租经营所得，适用五级超额累进税率，税率从5%～35%（见表6-2）。

表6-2 五级超额累进税率

级数	全年应纳税所得额	税率/%	速算扣除数
1	不超过15 000元的	5	0
2	超过15 000元至30 000元的部分	10	750
3	超过30 000元至60 000元的部分	20	3 750
4	超过60 000元至100 000元的部分	30	9 750
5	超过100 000元的部分	35	14 750

（二）比例税率

1）稿酬所得，适用比例税率20%，并按应纳税额减征30%，故其实际税率为14%。

2）劳务报酬所得，适用比例税率20%，对劳务报酬所得一次收入畸高（即其应纳税所得额超过20 000元）的加成征收。具体见表6-3。

表6-3 劳务报酬所得税率及速算扣除数表

级数	每次应纳所得额	税率/%	速算扣除数
1	不超过20 000元的部分	20	0
2	超过20 000元至50 000元的部分	30	2 000
3	超过50 000元的部分	40	7 000

3）特许权使用费所得，利息、股息、红利所得，财产租赁所得，财产转让所得，偶然所得，适用比例税率20%。对个人出租住房取得的所得减按10%的税率征收个人所得税。

四、个人所得税优惠政策

（一）根据《个人所得税法》的规定，下列各项所得免纳个人所得税

1）省级人民政府、国务院部委和中国人民解放军军以上单位，以及外国组织、国际组织颁发给个人的科学、教育、技术、文化、卫生、体育、环境保护等方面的奖金。

2）国债和国家发行的金融债券利息。

3）按照国家统一规定发给的补贴、津贴。

4）福利费、抚恤金、救济金。

5）保险赔款。

6）军人的转业费、复员费。

7）按照国家统一规定发给干部、职工的安家费、退职费（符合退职条件的）、退休工资、离休工资、离休生活补助费、院士的津贴。

8）依照我国有关法律规定应予免税的各国驻华使馆、领事馆的外交代表、领事官员和其他人员的所得。

9）发给见义勇为者的奖金。

10）企业和个人按照省级以上人民政府规定的比例提取并缴付的住房公积金、医疗保险金、基本养老保险金、失业保险金，不计入个人当期工资薪金收入，免征个人所得税。超过规定比例的部分计征个人所得税。个人领取原提存的住房公积金、医疗保险金、基本养老保险金时，免征个人所得税。

（二）根据《个人所得税法》的规定，下列项目暂时减免个人所得税

1）自2008年10月9日起暂免征收储蓄存款利息的个人所得税。

2）外籍个人以非现金形式或实报实销形式取得的住房补贴、伙食补贴、搬迁费、洗衣费。

3）举报、协查各种违法、犯罪行为而获得的奖金。

4）个人办理代扣代缴税款手续，按规定取得的扣缴手续费。

5）个人转让自用达5年以上并且是唯一的家庭居住用房取得的所得。

6）外籍个人按合理标准取得的境内、外出差补贴。

任务2 个人所得税的计算

正确确定个人所得税的应纳所得额、费用扣除标准、适用税率，是正确计算个人所得应纳税额的关键。

工作任务

个人所得税税额的计算

绿源宝洁有限公司2012年3月份应代扣个人所得税的人员工资表，见表6-4。

表 6-4　2012 年 3 月份工资结算结算汇总表

部门	姓名	应发工资	代扣款项			税前工资	个人所得税	实发工资	备注
			养老 8%	医疗 2%	失业 1%				
管理部门	王　虎	4500	360	90	45	4005	……	……	
	……						……	……	
供销部门	李琳	4000	264	66	33	3637	……	……	
	……						……	……	
生产部门	林　杰	2200	176	44	22	1958	……	1958	
	……						……	……	
合　　计		248700	19894	4974	2487	221345		220292	

请问，2012 年 3 月，该公司的哪些员工要交个人所得税，交多少？

一、应纳税额的计算

（一）工资、薪金所得应纳税额的计算

1. 确定工资、薪金所得的应纳所得额

工资、薪金所得，以每月收入额减除费用 3500 元（外籍人员为附加减除费用 4800 元）后的余额，为应纳税所得额。计算公式为：

应纳税所得额＝每月工资、薪金收入额－3500

应纳税所得额＝每月工资、薪金收入额－4800（外籍人员）

2. 工资、薪金所得应纳税额的计算

工资、薪金所得适用七级超额累计税率，税率及速算扣除数见表 6-1 所示。

应纳税额＝应纳税所得额×适用税率－速算扣除数

【例 6-1】根据项目 6 任务 2 工作任务中资料，计算该公司哪些员工要交个人所得税，交多少。

解：王虎和李琳要交个税。

王虎应纳税额＝（4005－3500）×3%＝15.15（元）

李琳应纳税额＝（3637－3500）×3%＝4.11（元）

3. 取得全年一次性奖金的计税方法

行政机关、企事业单位向纳税人发放的全年一次性奖金，应单独作为一个月的工资薪金所得计算所得税，计算步骤如下：

1）先将雇员当月取得的全年一次性奖金，除以 12 个月，按其商数确定适用税率和速算扣除数。

2）如果发放全年一次性奖金的当月，雇员当月的工资薪金所得低于税法规定的费用

扣除额，应将全年一次性奖金减除“雇员当月工资薪金所得与费用扣除额的差额”后的余额，按上述 1）中确定的适用税率和速算扣除数计算。公式为：

应纳税额＝（雇员当月取得全年一次性奖金—雇员当月工资薪金所得与费用扣除额的差额）×适用税率—速算扣除数

3）如果发放全年一次性奖金的当月，雇员当月的工资薪金所得高于（或等于）税法规定的费用扣除额，则按上述 1）中确定的适用税率和速算扣除数计算。公式为：

应纳税额＝雇员当月取得全年一次性奖金×适用税率—速算扣除数

4）在一个纳税年度内，对每一个纳税人，该计税办法只允许采用一次。

【例 6-2】张晓霞为中国公民，2011 年 12 月份工资为 8000 元。2011 年 12 月 31 日又取得全年一次性奖金 24000 元，试计算张晓霞 2011 年 12 月应缴纳的个人所得税。

解：1）确定年终奖金适用税率及速算扣除数

24000÷12＝2000（元）

根据工资薪金七级超额累进税率规定，2000 元适用税率为 10%，速算扣除数为 105 元。

2）年终一次性奖金应纳税额＝24000×10%－105＝2295（元）

3）12 月份工资应纳税额＝（8000－3500）×10%－105＝345（元）

4）12 月份应纳个人所得税额＝2295＋345＝2640（元）

4. 雇员取得除全年一次性奖金外的其他各种名目的奖金，如半年奖、季度奖、先进奖、考勤奖等，一律与当月工资、薪金收入合并，按税法规定计算缴纳个人所得税

（二）个体工商户生产经营所得应纳税额的计算

个体工商户的生产、经营所得适用五级超额累进税率，以其应纳税所得额按适用税率计算应纳税额。应纳所得额为每一纳税年度的收入总额减去成本、费用、损失及允许扣除的税金后的余额。其计算公式为：

应纳税额＝（全年收入总额－成本、费用及损失）×适用税率－速算扣除数

需要特别注意的是：

1）自 2011 年 9 月 1 日起，个体工商户业主的费用扣除标准统一定为 42000 元/年，即 3500 元/月。

2）个体工商户向其从业人员实际支付的合理的工资、薪金支出，允许在税前扣除。

3）个体工商户拨缴的工会经费、发生的职工福利费、职工教育经费支出分别在工资薪金总额 2%、14%、2.5%的标准内据实扣除。

4）个体工商户每一个纳税年度发生的广告费和业务宣传费不超过当年销售（营业）收入的 15%的部分，可据实扣除，超过部分，准予在以后纳税年度结转扣除。

5）个体工商户每一个纳税年度发生的与其生产经营业务直接相关的业务招待费支出，按照发生额的 60%扣除，但最高不得超过当年销售（营业）收入的 5‰。

6）个体工商户在生产、经营期间借款利息支出，凡有合法证明的，不高于按金融机构同类、同期贷款利率计算的数额部分，准予扣除。

（三）对企业事业单位的承包经营、承租经营所得应纳税额的计算

对企业事业单位的承包经营、承租经营所得，以每一纳税年度的收入总额减除必要费

用后的余额，为应纳税所得额。必要费用是指按月减除 3500 元。应纳税额计算公式如下：

应纳税额＝应纳税所得额×适用税率－速算扣除数

＝（纳税年度收入总额－必要费用）×适用税率－速算扣除数

＝（纳税年度收入总额－3500×12）×适用税率－速算扣除数

（四）劳务报酬所得应纳税额的计算

劳务报酬所得按次计税。只有一次收入的，以取得该项收入为一次；属于同一事项连续取得收入的，以一个月内取得的收入为一次。劳务报酬所得以个人每次取得的收入，定额或定率减除规定费用后的余额为应纳税所得额。适用税率及速算扣除数见表 6-1 所示。其计算公式为：

（1）每次收入不足 4 000 元的

应纳税额＝应纳税所得额×适用税率

＝（每次收入额－800）×20%

（2）每次收入在 4 000 元以上的

应纳税额＝应纳税所得额×适用税率

＝每次收入额×（1－20%）×20%

（3）每次收入的应纳税所得额超过 20 000 元的

应纳税额＝应纳税所得额×适用税率—速算扣除数

＝每次收入额×（1－20%）×适用税率－速算扣除数

【例 6-3】歌星张某一次取得表演收入 40 000 元，计算该歌星应如何交纳个人所得税。

解：　应纳税额＝40 000×（1－20%）×30%－2 000

＝7 600（元）

【例 6-4】某歌星 2012 年 4 月接受邀请分别赴两地演出。甲地演出两场，共获得演出报酬 6000 元；乙地演出一场，获得报酬 2500 元。计算该歌星应如何交纳个人所得税。

解：甲乙两地是两次所得，应分别纳税。

甲地应税所得额＝6000×（1－20%）＝4800（元）

乙地应税所得额＝2500－800＝1700（元）

应纳税额＝（4800＋1700）×20%＝1300（元）

（五）稿酬所得应纳税额的计算

稿酬所得，以每次出版、发表取得的收入为一次，具体规定为：同一作品出版或发表，以预付稿酬或分次支付稿酬等形式的稿酬所得，应合并作为一次；同一作品再版取得的所得，应视作另一次稿酬所得；同一作品先在报刊上连载，然后再出版，或者先出版，后在报刊上连载的，应视为两次稿酬所得，即连载作为一次，出版作为一次；同一作品在报刊上连载取得的收入，以连载完成后取得的所有收入合并为一次收入计征所得税。稿酬所得应纳税额的计算公式为：

（1）每次收入不足 4 000 元的

应纳税额＝应纳税所得额×适用税率（1－30%）

＝（每次收入额－800）×20%×（1－30%）

（2）每次收入在 4 000 元以上的

应纳税额＝应纳税所得额×适用税率（1－30%）

＝每次收入额×（1－20%）×20%×（1－30%）

【例 6-5】某作家取得一次未扣除个人所得税的稿酬收入 50 000 元，计算该作家应如何缴纳个人所得税。

解：　　应纳所得税额＝50 000×（1－20%）×20%×（1－30%）＝5 600（元）

（六）特许权使用费所得应纳税额的计算

特许权使用费所得以某项使用权的一次转让所取得的所得为一次。如果该次转让所得是分次支付的，则将各次收入相加作为一次。

费用扣除标准为：每次收入在 4000 元以下，费用为 800 元；每次收入在 4000 元以上，费用为收入的 20%。

应纳税额的具体计算公式为：

（1）每次收入不足 4 000 元的

应纳税额＝应纳税所得额×适用税率

＝（每次收入额－800）×20%

（2）每次收入在 4 000 元以上的

应纳税额＝应纳税所得额×适用税率

＝每次收入额×（1－20%）×20%

（七）财产租赁所得应纳税额的计算

财产租赁所得一般以个人每次取得的收入，定额或定率减除规定费用后的余额为应纳税所得额。财产租赁所得以一个月内取得的收入为一次。其计算公式为:

（1）每次月收入不超过 4000 元的，定额减除费用 800 元

应纳税额＝应纳税所得额×适用税率

＝[每次（月）收入额—允许扣除的项目—修缮费用（800 为限）—800]×20%

（2）每次月收入超过 4000 元的，定率减除 20%的费用

应纳税额＝应纳税所得额×适用税率

＝[每次收入额—允许扣除的项目—修缮费用（800 为限）]×（1—20%）×20%

小提示

自 2001 年 1 月 1 日起对个人出租住房取得的所得暂减按 10%的税率征收个人所得税。

（八）财产转让所得

财产转让所得以个人每次转让财产取得的收入额减除财产原值和相关税、费后的余额为应纳税所得额。以一件财产的所有权一次转让取得的收入为一次。其计算公式为:

应税所得额＝财产转让收入—（财产原值＋合理费用）

应纳税额＝应税所得额×税率＝（收入总额－财产原值－合理税费）×20%

（九）利息、股息、红利所得、偶然所得和其他所得应纳税额的计算

利息、股息、红利所得、偶然所得和其他所得以每次取得的收入额为应纳税所得额，不得扣除任何费用。除有特殊规定外，以每次取得该项收入为一次。其计算公式为：

应纳税额＝每次收入额×20%

【例 6-6】赵某购买体育彩票中奖 1 000 000 元，计算其应缴纳的个人所得税税额。

解：购买体育彩票中奖属于偶然所得，不能扣除任何费用。

应纳税所得额＝每次收入额＝1 000 000（万）

应纳税额＝1 000 000×20%＝200 000（万）

任务 3 个人所得税的申报

个人所得税的纳税方法，有自行申报纳税和代扣代缴两种方法。自行申报纳税是指由纳税人自行在税法规定的期限内，如实填写个人所得税纳税申报表并按税法规定计算应纳税额，向税务机关申报缴纳税额。代扣代缴是指为了有效控制税源、防止漏税逃税，按照税法规定负有扣缴税款义务的单位或个人，在向个人支付应纳税所得时，应计算应纳税额，从其所得中扣除并缴入国库，同时向税务机关报送扣缴个人所得税报告表的方法。

工作任务

个人所得税申报

请完成本项目任务 2 资料中的纳税申报。

相关知识

一、自行申报纳税

（一）自行申报的纳税义务人

1）自 2006 年 1 月 1 日起，年所得 12 万元以上的。

2）从中国境内两处或者两处以上取得工资、薪金所得的。

3）从中国境外取得所得的。

4）取得应税所得，没有扣缴义务人的。

5）国务院规定的其他情形。

（二）自行申报纳税的申报期限

年所得额 12 万元以上的纳税人，年度终了后 3 个月内向主管税务机关办理纳税申报；个体工商户和个人独资、合伙企业投资者取得的生产经营所得应纳的税款，分月预交的，在每月终了后 15 日内办理纳税申报；分季度预缴的，纳税人在每个季度终了后 15 日内办理纳税申报；纳税年度终了后，纳税人在 3 个月内汇算清缴，多退少补；从中国境外取得所得的纳税义务人，应当在年度终了后三十日内，将应纳的税款缴入国库，并向税务机关报送纳税申报表。

（三）自行申报纳税的申报地点

纳税地点一般为收入来源地的税务机关。纳税人在两处或两处以上取得工资、薪金所得的，可选择并固定向其中一地方主管税务机关申报；从境外取得所得的，向境内户籍所在地主管税务机关申报。在境内有户籍，但户籍所在地与境内经常居住地不一致的，选择并固定向其中一地主管税务机关申报。在境内没有户籍的，向境内经常居住地主管税务机关申报。

（四）自行申报纳税的申报方式

纳税人可以采取数据电文、邮寄、网上申报、直接上门申报等方式。

二、代扣代缴纳税

（一）扣缴义务人

凡支付个人应纳税所得的企业事业单位、机关、团体、军队、驻华机构、个体户等单位和个人，为个人所得税的扣缴义务人。

（二）代扣代缴的范围

1）工资、薪金所得。
2）偶然所得。
3）对企事业单位的承包、承租经营所得。
4）劳务报酬所得。
5）稿酬所得。
6）特许权使用费所得。
7）利息、股息、红利所得。
8）财产租赁所得。
9）财产转让所得。
10）经国务院财政部门确定征税的其他所得。

（三）代扣代缴期限

扣缴义务人每月所扣税款，应当在次月15日内缴纳国库，并向主管税务机关报送《扣缴个人所得税报告表》（见表6-5所示）。

【例6-7】根据项目6任务2工作任务中资料，填写扣缴个人所得税报告表。

解：该公司本月需代扣代缴王虎、李琳工资个人所得税。

养老医疗失业保险可从税前收入中扣除：

王虎可扣除额＝360＋90＋45＝495（元）；

李琳可扣除额＝264＋66＋33＝363（元）

王虎收入为4500元，李琳为4000元，应缴纳个税计算见例6-1。

扣缴个人所得税报告表见表6-5所示。

表 6-5 扣缴个人所得税报告表

扣缴义务人编码：2 0 6 0 1 0 0 2 2 0 3 5 4 9

扣缴义务人名称（章）：绿源宝洁有限公司　　　　金额单位：元（列至角分）

序号	纳税人姓名	身份证照类型	身份证照号码	国籍	所得项目	所得期间	收入额	免税收入额	允许扣除的税费	费用扣除标准	准予扣除的捐赠额	应纳税所得额	税率%	速算扣除数	应扣税额	已扣税额	备注
1	2	3	4	5	6	7	8	9	10	11	12	13	14	15	16	17	18
合　计										—	—	—	—	—			
1	王虎	身份证	略	中国	工资		4500		495	3500		505	3	0	15.15		
2	李琳	身份证	略	中国	工资		4000		363	3500		137	3	0	4.11		
扣缴义务人声明	我声明：此扣缴报告表是根据国家税收法律、法规的规定填报的，我确定它是真实的、可靠的、完整的。 声明人签字：																

会计主管签字：齐小明　　负责人签字：　刘瑞　　扣缴单位（或法定代表人）（签章）：王小宝

受理人（签章）：　　受理日期：　　年　　月　　日　　受理税务机关（章）：

思考与练习

一、单项选择题

1．在中国境内有住所的个人，应就下列所得在我国缴纳个人所得税（　　）。
　A．来源于中国境内的所得　　B．来源于中国境外的所得
　C．来源于中国境内、外的所得　　D．不需要缴纳个人所得税

2．工资、薪金所得适用的税率是（　　）。
　A．20%的比例税率　　B．10%的比例税率
　C．5%～35%的五级超额累进税率　　D．3%～45%的七级超额累进税率

3．个人出租建筑物、土地使用权、机器设备、车船以及其他财产取得的所得为（　　）。
　A．财产转让所得　　B．财产租赁所得
　C．偶然所得　　D．特许权使用费所得

4．个人提供专利权、商标权、著作权、非专利技术的使用权而取得的所得为（　　）。
　A．财产转让所得　　B．财产租赁所得
　C．偶然所得　　D．特许权使用费所得

5．个人得奖、中奖、中彩以及其他偶然取得的所得为（　　）。
　A．劳务报酬所得　　B．偶然所得
　C．特许使用费所得　　D．工资、薪金所得

6．稿酬所得，一律按应纳税额减征（　　）。

A．20%　　B．30 %

C．40%　　D．50%

7．个人所得税法所说的劳务报酬所得一次收入畸高，是指个人一次取得劳务报酬，其应纳税所得额超过（　　）。

A．10 000 元　　B．20 000 元

C．30 000 元　　D．40 000 元

8．李先生购买体育彩票中得奖金 15000 元，他应按（　　）税率计算缴纳个人所得税。

A．10%　　B．20%

C．30%　　D．40%

9．下列所得不征个人所得税的是（　　）。

A．职工取得单位发放的奖金　　B．个体户取得的经营收入

C．独生子女补贴　　D．劳务报酬所得

10．个人出租房屋使用权的所得是（　　）。

A．特许权使用费所得　　B．个体工商户的生产、经营所得

C．财产转让所得　　D．财产租赁所得

二、多项选择题

1．下列各项中，属于个人所得税居民纳税人的是（　　）。

A．在中国境内无住所，但一个纳税年度中在中国境内居住满 1 年的个人

B．在中国境内无住所且不居住的个人

C．在中国境内无住所，而在境内居住不满 6 个月的个人

D．在中国境内有住所的个人

2．将个人所得税的纳税义务人区分为居民纳税义务人和非居民纳税义务人，依据的标准有(　　)。

A．境内有无住所　　B．境内工作时间

C．取得收入的工作地　　D．境内居住时间

3．对个人所得征收个人所得税时，以每次收入额为应纳税所得额的有（　　）。

A．利息、股息、红利所得　　B．稿酬所得

C．财产转让所得　　D．偶然所得

4．下列个人所得，在计算个人所得税时，不得减除费用的有（　　）。

A．利息、股息、红利所得　　B．稿酬所得

C．劳务报酬所得　　D．偶然所得

5．个人所得税自行申报的纳税人有（　　）。

A．从中国境内两处或者两处以上取得工资、薪金所得的；

B．从中国境外取得所得的；

C．取得应税收所得没有扣缴义务人的

D．自 2006 年 1 月 1 日起，年所得 12 万元以上的

三、练习题

1．高级工程师张华为林华公司进行一项工程设计，按照规定，公司应支付张华的劳务报酬为 35000 元，与其报酬相关的个人所得税由公司代扣代缴。不考虑其他税收的情况下，林华公司应为张华应代扣代缴多少个税？

2．某作家正式出版一本著作，从出版社领得稿酬 6 000 元；该出版社同时付给该作家短篇小说翻译稿酬 3 000 元。问该作家应如何交纳个人所得税？

3．某人购买体育彩票中奖 2 000 000 元，计算其应缴纳的个人所得税税额。

4．李四每月工资性收入 3 000 元，2011 年 12 月得到全年一次性奖金 12 000 元，请计算李四 2011 年 12 月应纳的个人所得税是多少？

项目7 城市维护建设税、教育费附加计算与申报

项目介绍

◇ 城市维护建设税是为了加强城乡维护建设，扩大和稳定城市、乡镇建设资金的来源，对缴纳增值税、消费税、营业税的单位和个人以其实际缴纳的增值税、营业税、消费税（简称“三税”）税额为计税依据而征收的一种税。教育费附加是为加快地方教育事业、扩大地方基础教育经费的资金来源而对缴纳增值税、消费税、营业税的单位和个人就其实际缴纳的“三税”税额为计算依据征收的一种附加费。作为一名合格的办税人员，必须掌握城市维护建设税、教育费附加的相关规定及计算、申报缴纳方法。

能力目标

◇ 能准确计算城市维护建设税及教育费附加。
◇ 会填写城市维护建设税及教育费附加纳税申报表。
◇ 会办理城市维护建设税及教育费附加的纳税申报。

知识目标

◇ 了解城市维护建设税及教育费附加征税范围和对象。
◇ 掌握城市维护建设税及教育费附加的计算方法。
◇ 掌握城市维护建设税及教育费附加纳税申报表的填报方法和填报要求。

社会目标

◇ 具有良好的语言表达、职业沟通和协调能力。
◇ 能与税务部门建立良好的关系。
◇ 具有诚信的品格和较强的责任感。

任务 1　城市维护建设税、教育费附加纳税知识准备

城市维护建设税、教育费附加是具有附加性质的税和费，它们的开征是具有特定目的的。为了准确计算城市维护建设税和教育费附加，必须对它们的纳税人、计税依据、税率等知识进行掌握。

工作任务

城市维护建设税和教育费附加认知

李小萌实习的公司 2012 年 4 月份实际缴纳的增值税为 300 000 元，缴纳消费税 400 000 元，会计李琳告诉李小萌本月还要缴纳这两种税的附加税费——城市维护建设税和教育费附加。李小萌对城市维护建设税和教育费附加比较陌生，你能告诉李小萌有关城市维护建设税和教育费附加的知识吗？

一、城市维护建设税、教育费附加的纳税人

城市维护建设税和教育费附加都是按照纳税人实际缴纳的增值税、营业税、消费税税额为计征依据的。二者的纳税义务人是相同的。

从事工商经营，缴纳增值税、消费税、营业税的单位和个人为城市维护建设税和教育费附加的纳税人，包括国有企业、集体企业、私营企业、股份制企业、其他企业和行政单位、事业单位、军事单位、社会团体、其他单位，以及个体工商户及其他个人。自 2010 年 12 月 1 日起，对外商投资企业、外国企业及外籍个人发生纳税义务的增值税、消费税、营业税也开始征收城市维护建设税、教育费附加。

二、城市维护建设税的税率

城建税采用地区差别比例税率，共分三档。

1）纳税人所在地为市区的，税率为 7%；

2）纳税人所在地为县城、镇的，税率为 5%；

3）纳税人不在市、县、城、镇的，税率为 1%。

城市维护建设税的适用税率，应当按纳税人所在地的规定税率执行，但下列特殊情况例外。

1）由受托方代扣代缴、代收代缴“三税”的纳税人，按受托方所在地适用税率计算代扣代缴的城建税。

2）流动业户无固定纳税地点的，按经营地税率执行。

三、教育费附加的征收率

教育费附加的征收率为 3%。

四、城市维护建设税、教育费附加的纳税环节

城市维护建设税与教育费附加纳税环节相同，实际也就是纳税人缴纳“三税”的环节。纳税人只要发生“三税”的纳税义务，就要在同样的环节，分别计算缴纳城市维护建设税、教育费附加。

五、城市维护建设税、教育费附加的缴纳期限

城市维护建设税和教育费附加是由纳税人在缴纳“三税”时同时缴纳的，与增值税、消费税、营业税的纳税期限一致。

任务 2 城市维护建设税、教育费附加的计算

为正确计算城市维护建设税、教育费附加，必须清楚计税依据、准确选择城市维护建设税的税率、教育费附加征收率，选择正确的计算方法。

工作任务

城市维护建设税和教育费附加计算

李小萌实习的公司 2012 年 4 月份实际缴纳的增值税为 300 000 元，缴纳消费税 400 000 元，请问该公司 2012 年 4 月是否要申报缴纳城市维护建设税和教育费附加？若要缴纳，应交多少？

一、城市维护建设税、教育费附加的计税依据

计税依据是纳税人实际缴纳的增值税、消费税、营业税税额之和，但不含纳税人违反“三税”有关税法而加收的罚款和滞纳金。如果纳税人在被查补“三税”和被处以罚款时，应同时对其偷漏的城建税、教育费附加进行补税、征收滞纳金和罚款。如果免征或减征“三税”，则城市维护建设税、教育费附加也同时免征或减征。对出口商品退还增值税、消费税时，不退还已缴纳的城市维护建设税、教育费附加。

二、应纳税额的计算

1. 城市维护建设税的计算

城市维护建设税的应纳税额是由纳税人实际缴纳的“三税”税额决定的，其计算公式为：

应纳税额=（纳税人实际缴纳的增值税＋纳税人实际缴纳的消费税＋纳税人实际缴纳的营业税）×适用税率

2. 教育费附加的计算

教育费附加的应纳税额也是由纳税人实际缴纳的“三税”税额决定的，其计算公式为：

应纳税额＝（纳税人实际缴纳的增值税＋纳税人实际缴纳的消费税＋纳税人实际缴纳的营业税）×征收率

【例 7-1】根据项目 7 任务 2 工作任务中资料，该公司 2012 年 4 月应如何申报缴纳城市维护建设税和教育费附加。

解：该公司 4 月份应缴城建税额＝（300 000+400 000）×7%＝49 000（元）

该公司 4 月份应缴教育费附加＝（300 000+400 000）×3%＝21 000（元）

三、城市维护建设税、教育费附加的核算

1. 计算应缴城市维护建设税、教育费附加时

借：营业税金及附加

　　贷：应交税费——应交城市维护建设税

　　　　　　　　——应交教育费附加

2. 实际缴纳时

借：应交税费——应交城市维护建设税

　　　　　　——应交教育费附加

　　贷：银行存款

【例 7-2】根据项目 7 任务 2 工作任务中资料，该公司计算城市维护建设税、教育费附加时：

借：营业税金及附加　　70 000.00

　　贷：应交税费——应交城市维护建设税　　49 000.00

　　　　　　　　——应交教育费附加　　21 000.00

任务 3　城市维护建设税、教育费附加申报缴纳

城市维护建设税、教育费附加与“三税”同时申报，纳税人应按规定如实填写《城市维护建设税申报表》、《教育费附加申报表》，在规定期限内向税务机关申报缴纳。

工作任务

城市维护建设税和教育费附加申报缴纳

李小萌已经计算出 2012 年 4 月要缴纳城市维护建设税 49 000 元和教育费附加 21 000 元，那么如何填写《城市维护建设税申报表》、《教育费附加申报表》呢？

相关知识

纳税申报

（1）《城市维护建设税申报表》见表 7-1

（2）《教育费附加申报表》见表 7-1

【例 7-3】根据项目 7 任务 3 工作任务中资料，填写《城市维护建设税申报表》、《教育费附加申报表》。

解：2012 年 4 月该公司《城市维护建设税申报表》见表 7-1，《教育费附加申报表》见表 7-1。

表 7-1　城市维护建设税及教育费附加纳税申报表

税务登记证号：6 1 0 1 0 4 7 1 8 7 5 5 0 7 2　管理代码：0 1 3 0 7 6 2 5 6

纳税人名称：西安云英实业有限公司　税款所属期：2012 年 4 月 1 日至 2012 年 4 月 30 日　单位：元

税种	税目	征收范围	计税依据	所属时期	计税金额	税(征收)率/%	应纳税（费）额	减免税（费）额	抵扣额	已纳税额	应补（退）税额
城建税			增值税 消费税	2012 年 4 月	700 000	7	49 000			0	49 000
教育费附加			增值税 消费税	2012 年 4 月	700 000	3	21 000			0	21 000
合计							70 000				70 000

纳税人或代理人声明： 此纳税申报表是根据国家税收法律、法规的规定填报的，我确定它是真实的、可靠的、完整的。	如纳税人填报，由纳税人填写以下格兰：					
	办税人员（签章） 李琳	财务负责人（签章） 吴颖珍	法定代表人（签章） 王小强	联系电话	略	受理机关（签章）
	如委托代理人填报，由代理人填写以下格兰					受理日期： 年　月　日
	代理人名称	经办人（签章）	联系电话		代理人（公章）	

思考与练习

一、选择题

1. 下列各项中，符合城市维护建设税有关规定的有（　　）。

　A. 海关对进口产品代征的增值税、消费税，征收城市维护建设税

　B. 海关对进口产品代征的增值税、消费税，不征收城市维护建设税

　C. 出口产品退还增值税、消费税的，不退还已缴纳的城市维护建设税

　D. 出口产品退还增值税、消费税的，按 50%退还已缴纳的城市维护建设税

2. 下列各项中，符合城市维护建设税规定的有（　　）。

　A. 只要缴纳增值税、消费税、营业税的企业都应缴纳城市维护建设税

　B. 因减免税而需进行“三税”退库的，可同时退还城市维护建设税

C．对出口产品退还增值税、消费税的，不退还城市维护建设税

D．海关对进口产品代征的增值税、消费品，不征收城市维护建设税

3．纳税人在县城的，其适用的城市维护建设税的税率是（　　）。

A．7%　　B．3%　　C．5%　　D．1%

4．城市维护建设税的计税依据有纳税人缴纳的（　　）。

A．增值税　　B．所得税　　C．营业税　　D．消费税

5．下列具有附加性质特点的税费是（　　）。

A．增值税　　B．消费税

C．城市维护建设税　　D．教育费附加

二、练习题

1．某市区一企业 2011 年 2 月实际缴纳增值税 40 万元，缴纳消费税 50 万元，缴纳营业税 30 万元。计算该企业应缴纳的城市维护建设税。

2．某企业设在市区，2009 年 2 月实际缴纳增值税 80 万元，消费税 20 万元，补缴上月应纳消费税 5 万元。该企业 2 月应缴纳的城建税为多少？

项目8

印花税、房产税、城镇土地使用税计算与申报

项目介绍

- ✧ 印花税是对经济活动和经济交往中，书立和领受的应税凭证征收的一种税。
- ✧ 房产税是以城市、县城、建制镇和工矿区的房屋这种不动产为征税对象，依据房产余值或租金向房产产权所有人或经营人征收的一种税，属于财产类税、地方税类。
- ✧ 城镇土地使用税是对城市、县城、建制镇和工矿区范围内使用土地的单位和个人，按实际占用土地面积征收的一种地方税。

能力目标

- ✧ 能准确计算印花税、房产税、城镇土地使用税。
- ✧ 会填写印花税、房产税、城镇土地使用税的纳税申报表。
- ✧ 会办理印花税、房产税、城镇土地使用税的纳税申报。

知识目标

- ✧ 了解印花税、房产税、城镇土地使用税征税范围和计税依据。
- ✧ 掌握印花税、房产税、城镇土地使用税的计算方法。
- ✧ 掌握印花税、房产税、城镇土地使用税的填报方法和填报要求。

社会目标

- ✧ 具有依法兼顾国家和企业利益的素质。
- ✧ 具有良好的语言表达、职业沟通和协调能力。
- ✧ 具有诚实守信、严谨细致的工作作风。

任务 1　印花税、房产税、土地使用税纳税知识准备

印花税、房产税、土地使用税绝大部分的企业都要涉及，正确计算申报缴纳这三税也是企业税务岗位工作人员工作任务。熟练掌握印花税、房产税、土地使用税的相关知识是完成纳税任务的基础。

工作任务

印花税、房产税、城镇土地使用税纳税认知

2011 年 5 月，李小萌跟着会计李琳领取了新办企业的营业执照、房屋产权证，购置了账簿。李琳问李小萌，在这一过程中企业是否有涉税行为？若有，是什么税？你能帮李小萌回答吗？

一、印花税概述

1. 印花税纳税义务人

凡是在中华人民共和国境内书立、领受税法所列举凭证的单位和个人，都是印花税的纳税人。“单位和个人”，包括一切内、外资企业，各类行政（机关、部队）和事业单位，中、外籍个人。

根据书立、领受应纳税凭证的不同，纳税人可分别称为立合同人、立账簿人、立据人和领受人。对合同、书据等由两方或两方以上当事人共同书立的凭证，其当事人各方都是纳税人，各自就所持凭证的金额纳税。对政府部门发给的权利许可证执照，领受人为纳税人。对某些应税凭证由当事人的代理人代为书立，则代理人有代为纳税的义务。

2. 印花税的征收范围及税率

印花税的应税凭证有五大类共十三个税目。有比例税率和定额税率两种，比例税率有 1‰、0.5‰、0.3‰和 0.05‰四档，具体见表 8-1 所示。

表 8-1　印花税税率、税目表

税　目	范　围	税　率	纳税义务人	说　明
1. 购销合同	包括供应、预购、采购、购销、结合及协作、调剂、补偿、易货等合同	按购销金额 0.3‰贴花	立合同人	签订合同的各方都是纳税人
2. 加工承揽合同	包括加工、定作、修缮、修理、印刷、广告、测绘、测试等合同	按加工或承揽收入的 0.5‰贴花	立合同人	签订合同的各方都是纳税人
3. 建设工程勘察设计合同	包括勘察、设计合同	按收取费用 0.5‰贴花	立合同人	签订合同的各方都是纳税人

续表

税　目	范　围	税　率	纳税义务人	说　明
4．建筑安装工程承包合同	包括建筑、安装工程承包合同	按承包金额 0.3‰贴花	立合同人	签订合同的各方都是纳税人
5．财产租赁合同	包括租赁房屋、船舶、飞机、机动车辆、机械、器具、设备等	按租赁金额的 1‰贴花。税额不足 1 元的按 1 元贴花	立合同人	签订合同的各方都是纳税人
6．货物运输合同	包括民用航空、铁路运输、海上运输、内河运输、公路运输和联运合同	按运输费用 0.5‰贴花	立合同人	单据作为合同使用的，按合同贴花
7．仓储保管合同	包括仓储、保管合同	按仓储保管费用的 1‰贴花	立合同人	仓单或栈单作为合同使用的，按合同贴花
8．财产保险合同	包括财产、信用、保证等保险合同	按收取保险费的 1‰贴花	立合同人	单据作为合同使用的，按合同贴花
9．借款合同	银行及其他金融组织和借款人（不包括银行同业拆借）所签订的借款合同	按借款金额的 0.05‰贴花	立合同人	单据作为合同使用的，按合同贴花
10．技术合同	包括技术开发、转让、咨询、服务等合同	按所载金额的 3‰贴花	立合同人	签订合同的各方都是纳税人
11．产权转移书据	包括财产所有权、版权、商标专用、专利权、专有技术使用权、土地使用权出让合同、土地使用权转让合同、商品房销售合同等	按所载金额 0.5‰贴花	立据人	立据各方都是纳税人。
12．营业账簿	生产经营用账册	记载资金的账簿，按实收资本和资本公积的合计金额 0.5‰贴花。其他账簿按件贴花 5 元	立账簿人	
13．权利、许可证照	包括政府部门发给的房屋产权证、工商营业执照、商标注册证、专利证、土地使用证	按件贴花 5 元	领受人	

3．印花税的主要优惠政策

1）对已缴纳印花税的凭证的副本或者抄本免税；

2）对财产所有人将财产赠给政府、社会福利团体单位、学校等所立的书据免税；

3）由国家指定的收购部门（如供销社、粮站等）与村民委员会，农民个人书立的农副产品收购合同免税；

4）无息、贴息贷款合同免税；

5）外国政府或者国际金融组织向我国政府及国家金融机构提供优惠贷款所书立的合同等免税；

6）房地产管理部门与个人签订的用于个人生活居住的租赁合同免税；

7）对农业的保险合同免税；

8）财政部确定的其他免税事项。

二、房产税概述

1. 房产税的纳税义务人

房产税是以城市、县城、建制镇和工矿区的房屋为征税对象，按房屋的计税余值或租金收入为计税依据，向产权所有人征收的一种财产税。以在征税范围内的房屋产权所有人为房产税的纳税义务人。其中：

1）产权属国家的，由经营管理人作为纳税人；

2）产权属集体和个人的，由集体单位和个人作为纳税人；

3）产权出典的，由承典人作为纳税人；

4）产权所有人、承典人不在房屋所在地的，由房产代管人或使用人作为纳税人；

5）产权未确定或产权存在纠纷的房产，由房产代管人或使用人作为纳税人；

6）纳税单位和个人无租使用房产管理部门、免税单位、纳税单位的房产，由使用人代缴房产税。

7）自 2009 年 1 月 1 日起，外商投资企业和外国企业以及外籍个人依照《中华人民共和国房产税暂行条例》缴纳房产税。

2. 房产税税率

我国现行房产税采用比例税率。计税依据分为从价计征和从租计征两种，见表 8-2 所示。

表 8-2　房产税计税依据及税率表

计税依据	税　目	税　率	备　注
从价计征	按房产原值一次减除 10%～30%后的余值	1.2%	减除幅度由各地省、自治区、直辖市人民政府确定。
从租计征	按房产出租的租金收入	12%	
从租计征	个人按市场价格出租的居民住房	4%	

3. 房产税主要优惠政策

1）国家机关、人民团体、军队自用的房产免征房产税；

2）由国家财政部门拨付事业经费的单位自用的房产免税；

3）宗教寺庙、公园、名胜古迹自用的房产免税；

4）个人所有非营业用的房产，以及经省（市、自治区）确定的免税房产；

5）中国人民银行总行（含国家外汇管理局）所属分支机构自用的房产免税；

6）经财政部批准免税的其他房产。

三、城镇土地使用税概述

1. 城镇土地使用税的纳税义务人

城镇土地使用税是以国有土地为征税对象，对拥有土地使用权的单位和个人征收的一种税。在城市、县城、建制镇、工矿区范围内使用土地的单位和个人，为城镇土地使用税的纳税人，通常包括以下几类：

1）拥有土地使用权的单位和个人；

2）拥有土地使用权的单位和个人不在土地所在地的，其土地的实际使用人和代管人为纳税人；

3）土地使用权未确定或权属纠纷未解决的，其实际使用人为纳税人；

4）土地使用权共有的，共有各方都是纳税人，由共有各方分别纳税。

小提示

1. 建立在城市、县城、建制镇和工矿区以外的工矿企业不需缴纳城镇土地使用税。
2. 自 2009 年 1 月 1 日起，公园、名胜古迹内的索道公司经营用地，应按规定缴纳城镇土地使用税。

2. 城镇土地使用税税率

土地使用税采用定额税率，各省、自治区和直辖市人民政府可根据市政建设情况和经济繁荣程度在规定税额幅度内，确定所辖地区的适用税额幅度。具体税率见表 8-3 所示。

表 8-3　城镇土地使用税税率表

级　别	人　口	每平方米税额
大城市	50 万以上	1.5 元至 30 元
中等城市	20 万至 50 万	1.2 元至 24 元
小城市	20 万以下	0.9 元至 18 元
县城、建制镇、工矿区		0.6 元至 12 元

3. 城镇土地使用税的主要优惠政策

1）国家机关、人民团体、军队自用的土地免征；

2）由国家财政部门拨付事业经费的单位自用的土地免征；

3）宗教寺庙、公园、名胜古迹自用的土地免征；

4）市政街道、广场、绿化地带等公共用地免征；

5）直接用于农、林、牧、渔业的生产用地免征；

6）经批准开山填海整治的土地和改造的废弃土地，从使用的月份起免缴土地使用税5～10年。

7）个人所有的居住房屋及院落用地免征；

8）由财政部另行规定免税的能源、交通、水利设施用地和其他用地。

任务2　印花税、房产税、城镇土地使用税的计算

印花税共十三个税目，有比例税率和定额税率两种，比例税率又分为四档；房产税分为从价计征和从租计征两种，税率各有不同。城镇土地使用税采用有幅度的差别税额。对于税额的计算必须正确选择适用税率和计税依据，采用适当的方法才能完成。

工作任务

印花税、房产税、城镇土地使用税税额计算

2011年5月，李小萌跟着会计李琳领取了西安云英实业有限公司的营业执照及房屋产权证各一件，设置了4本营业账簿，“实收资本”和“资本公积”科目记载资金合计为500万元；该月企业签订购销合同300万元；企业在西安市区占地2000平方米，拥有房屋两幢，账面价值3200万元，按照当地规定，该企业适用土地使用税单位税额为每年每平方米9元。房产税当地政府规定自用房产允许按原值一次扣除30%的余额计税。请问该企业2011年5月应缴多少印花税？2011年应当缴纳多少土地使用税和房产税？

一、印花税应纳税额的计算

1. 计税依据

一般规定为各种应税凭证上所记载的计税金额，但权利、许可证照的计税依据为应税凭证件数，记载资金的营业账簿，以实收资本和资本公积的两项合计金额为计税依据。其他账簿的计税依据为应税的凭证件数。

2. 税额计算

印花税应纳税额，根据应纳税凭证的性质，分别按比例税率、定额税率计算，其计算公式为：

（1）按比例税率计算

应纳税款＝应税凭证所载应税金额×适用税率

（2）按定额税率计算

应纳印花税＝凭证件数×定额税率（5元）

【例 8-1】根据项目 8 任务 2 工作任务中资料，计算该企业 2011 年 5 月应缴印花税额。

解：西安云英实业有限公司 2011 年 5 月应缴印花税计算如下：

资金账簿应纳税额＝500×0.5‰＝2500（元）

其他营业账簿应纳税额＝4×5＝20（元）

领用权利许可证应纳税额＝（1＋1）×5＝10（元）

购销合同应纳税额＝300×0.3‰＝900（元）

该企业 2011 年 5 月份应纳印花税＝2500＋20＋10＋900＝3430（元）

二、房产税应纳税额的计算

1. 房产税计税依据

房产税的计税依据是房产的计税价值或房产的租金收入。按房产计税价值计税的，称为从价计征，按房产的租金收入计税的，称为从租计征。

2. 应纳税额的计算方法

（1）从价计征的计算

年应交房产税额＝房产账面原值×(1－10%～30%)×1.2%

（2）从租计征的计算

应纳税额＝租金收入×12%

【例 8-2】根据项目 8 任务 2 工作任务中资料，计算该企业 2011 年应缴纳房产税额。

解：西安云英实业有限公司 2011 年应纳房产税＝3 200×（1—30%）×1.2%

＝268 800（元）

三、城镇土地使用税应纳税额的计算

1. 城镇土地使用税的计税依据

城镇土地使用税以纳税人实际占用的土地面积为计税依据。土地面积以平方米为计量标准。纳税人实际占用的土地面积按下列办法确定。

1）以测定面积为计税依据，适用于由省、自治区、直辖市人民政府确定的单位组织测定土地面积的纳税人。

2）以证书确认的土地面积为计税依据，适用尚未组织测量土地面积，但持有政府部门核发的土地使用证书的纳税人。

3）以申报的土地面积为计税依据，待核发土地使用证以后再做调整，适用于尚未核发土地使用证书的纳税人。

2. 应纳税额的计算方法

全年应纳税额＝纳税人实际占用的土地面积(平方米)×适用税额

【例 8-3】根据项目 8 任务 2 工作任务中资料，计算 2011 年该公司应缴纳多少土地使用税。

解：西安云英实业有限公司 2011 年应纳土地使用税额＝2 000×9＝18 000(元)

四、印花税、房产税、城镇土地使用税的核算

1. 印花税的核算

印花税不需要预先计算应缴税款，所以关于印花税的核算，只需在缴纳（购买印花税票）时，进行账务处理。为简化会计处理，缴纳时不需通过“应交税费”科目，而是直接做：

借：管理费用——印花税

贷：银行存款

2. 房产税的核算

（1）计算应交房产税时

借：管理费用

贷：应交税费——应交房产税

（2）缴纳应交房产税时

借：应交税费——应交房产税

贷：银行存款

3. 城镇土地使用税的核算

（1）计算应交城镇土地使用税时

借：管理费用

贷：应交税费——应缴城镇土地使用税

（2）缴纳应交城镇土地使用税时：

借：应交税费——应缴城镇土地使用税

贷：银行存款

任务 3 印花税、房产税、城镇土地使用税纳税申报

正确计算出应纳税额后，应当填写纳税申报表，在法定纳税期限内，向税务机关申报缴纳税款。确保纳税工作顺利完成。

工作任务

印花税、房产税、城镇土地使用税纳税申报

企业名称：西安云英实业有限公司

法定代表人：王小强

财务负责人：吴颖珍

办税人员：李琳

注册资本：500万元

成立时间：2011年5月9日

税务登记证号：610138718755072

开户银行及账号：工行西安市长安路支行　3700019029000600769

企业地址及电话：西安市长安南路136号　029-82637788

2011年5月，李小萌跟着会计李琳领取了西安云英实业有限公司的营业执照及房屋产权证各一件，设置了4本营业账簿，“实收资本”和“资本公积”科目记载资金合计为500万元；该月企业签订购销合同300万元；企业在西安市区占地2000平方米，拥有房屋两幢，账面价值3200万元，按照当地规定，该企业适用土地使用税单位税额为每年每平方米9元。房产税当地政府规定自用房产允许按原值一次扣除20%的余额计税。请完成该企业2011年5月印花税的纳税申报及2011年土地使用税和房产税的纳税申报。

一、纳税义务发生的时间

（一）印花税纳税义务发生的时间

印花税应当在书立或领受时贴花。已贴花的凭证，修改所载金额增加，增加部分应补贴印花税票。

（二）房产税纳税义务发生的时间

1）纳税人将原有房产用于生产经营，从生产经营之月起，缴纳房产税。

2）纳税人自行新建房屋用于生产经营，从建成之次月起，缴纳房产税。

3）纳税人委托施工企业建设的房屋，从办理验收手续之次月起，缴纳房产税。

4）纳税人出租、出借房产的，从出租、出借房产的次月起缴纳房产税。

5）纳税人购置新建商品房，自房屋交付使用之次月起缴纳房产税。

6）房地产开发企业自用、出租、出借本企业建造的商品房，自房屋使用或交付之次月起计征房产税。

（三）城镇土地使用税纳税义务发生的时间

1）纳税人购置新建商品房，自房屋交付使用之次月起缴纳城镇土地使用税。

2）纳税人出租、出借房产的，从出租、出借房产的次月起缴纳土地使用税。

3）纳税人征用耕地，自批准之日起满一年时开始缴纳土地使用税。

4）纳税人征用非耕地，自批准征用次月起开始缴纳土地使用税。

二、纳税方法

1）房产税、城镇土地使用税均按年计算，分期缴纳。缴纳期限由省、自治区、直辖市人民政府确定。

2）印花税采取贴花纳税，其具体纳税办法有三种。

① 自行贴花：适用于应税凭证较少或者贴花次数较少的纳税人。

② 汇贴或汇缴的办法：适用于应纳税额较大或贴花次数频繁的纳税人。

一份凭证应纳税额超过 500 元的，应向当地税务机关申请填写缴款书或完税证，将其中一联粘贴在凭证上或者税务机关在凭证上加注完税标记代替贴花，这种缴纳方式叫汇贴。

如同一种类凭证需频繁贴花的，应向当地税务机关申请按期汇总缴纳印花税。获准汇总缴纳的纳税人，应持有税务机关发给的汇缴许可证。汇总缴纳的期限由当地税务机关确定，但最长期限不超过 1 个月，这种缴纳方式叫汇缴。

③ 委托代缴的方法：通过税务机关的委托，经由发放或者办理应税凭证的单位代为征收印花税款。税务机关与代征单位签订代征委托书。

三、纳税地点

印花税实行就地缴纳。房产税在房产所在地缴纳。城镇土地使用税在土地所在地缴纳。

四、纳税申报

纳税人应当根据有关规定及时办理纳税申报，并如实填写《印花税纳税申报表》（见表 8-4）、《房产税纳税申报表》（见表 8-5）、《城镇土地使用税纳税申报表》（见表 8-6）。

【例 8-4】根据项目 8 任务 3 工作任务中资料，填写该企业 2011 年 5 月印花税的纳税申报及土地使用税和房产税的纳税申报。

解：西安云英实业有限公司《印花税纳税申报表》填写见表 8-4、《房产税纳税申报表》填写见表 8-5、《城镇土地使用税纳税申报表》填写见表 8-6。

表 8-4　印花税纳税申报表

填表日期：2011 年　6 月 4 日

纳税人识别号 | 6 | 1 | 0 | 1 | 0 | 4 | 7 | 1 | 8 | 7 | 5 | 5 | 0 | 7 | 2 |　　金额单位：元（列至角分）

纳税人名称：西安云英实业有限公司							税款所属时期：2011 年 5 月			
应税凭证名称	件数	计税依据	适用税率	应纳税额	已纳税额	应补（退）税额	购花贴花情况			
							上期结存	本期购进	本期贴花	本期结存
1	2	3	4	5＝3×4 或 5＝2×4	6	7＝5-6	8	9	10	11＝8＋9-10
资金账簿		5 000 000	0.5‰	2 500		2 500				
其他账簿	4		5	20		200		20	20	
权利许可	2		5	10		10		10	20	
购销合同		3 000 000	0.3‰	900		900				

纳税人声明	授权人声明	代理人声明
本纳税申报表是按照国家税法和税务机关规定填报的，我确信是真实的，合法的。如有虚假，愿负法律责任。 法定代表人（业主）签名： 王小强 2011 年 6　月 4 日	我单位（公司）现授权为本纳税人的代理申报人，其法定代表人电话，任何与申报有关的往来文件都可寄与此代理机构。 委托代理合同号码： 授权人（法定代表人）签名： 年　月　日	本纳税申报表是按照国家税法和税务机关有规定填报的，我确信是真实、合法的。如有不实，我愿承担法律责任。 法定代表人签名： 代理人盖章： 年　月　日
受理申报日期　　年　月　日	审核申报日期　年　月　日	录入日期　年　月　日
受理人：	审核人：	录入人：

表 8-5 房产税纳税申报表

填表日期：2012 年 1 月 10 日

纳税人识别号：| 6 | 1 | 0 | 1 | 0 | 4 | 7 | 1 | 8 | 7 | 5 | 5 | 0 | 7 | 2 |

金额单位：元（列至角分）

<table>
<tr><td colspan="2">纳税人名称</td><td colspan="5">西安云英实业有限公司</td><td colspan="2">税款所属日期</td><td colspan="4">**2011 年 5 月至 2011 年 12 月**</td><td colspan="3">微机管理编码</td><td colspan="2"></td></tr>
<tr><td colspan="2">房产坐落地点</td><td colspan="5">西安市长安南路 86 号</td><td colspan="2">建筑面积/m²</td><td colspan="4">2000</td><td colspan="3">房屋结构</td><td colspan="2">**砖混**</td></tr>
<tr><td rowspan="2">上期申报房产原值（评估）</td><td rowspan="2">本期增减</td><td rowspan="2">本期实际房原值</td><td colspan="3">其中</td><td rowspan="2">扣除率 %</td><td colspan="3">以房产余值征计征房产税</td><td colspan="3">以租金收入计征房产税</td><td rowspan="2">全年应缴纳税额</td><td rowspan="2">交纳次数</td><td colspan="2">本期</td><td rowspan="2">应补(退)税额</td></tr>
<tr><td>从价计税的房产原值</td><td>从租计税的房产原值</td><td>税法规定的免税房产原值</td><td>房产余值</td><td>适用税率</td><td>应纳税额</td><td>租金收入</td><td>适用税率</td><td>应纳税额</td><td>应纳税额</td><td>已纳税额</td></tr>
<tr><td>1</td><td>2</td><td>3=1+2</td><td>4=3-5-6</td><td>5=3-4-6</td><td>6</td><td>7</td><td>8=4-4×7</td><td>9</td><td>10=8×9</td><td>11</td><td>12</td><td>13=11×12</td><td>14=10+13</td><td>15</td><td>16=14÷15</td><td>17</td><td>18=16-17</td></tr>
<tr><td>**32 000 000**</td><td></td><td>**32 000 000**</td><td>**32 000 000**</td><td></td><td></td><td>**30%**</td><td>**22 400 000**</td><td>1.2%</td><td>**268 800**</td><td></td><td>12%</td><td></td><td>**268 800**</td><td>**2**</td><td>**268 800**</td><td></td><td>**268 800**</td></tr>
<tr><td></td><td></td><td></td><td></td><td></td><td></td><td></td><td></td><td></td><td></td><td></td><td></td><td></td><td></td><td></td><td></td><td></td><td></td></tr>
<tr><td colspan="4">如纳税人填报，由纳税人填写以下各栏</td><td colspan="6">如委托代理人填报，由代理人填写以下各栏</td><td colspan="4">以下由税务机关填写</td><td colspan="4">备注</td></tr>
<tr><td colspan="4">纳税人（公章）：
会计主管：吴颖珍
办税人员（签章）：李琳
日期：</td><td colspan="6">代理人名称（签章）：
代理人地址：
经办人（签章）：
日期：　　　　联系电话：</td><td colspan="4">收到申报表日期：
接受人：
税务号码记录：</td><td colspan="4">房产税 1～3 季度税款征收期为季度终了后次月 10 日内，第四季度征期不能跨年，必须在 12 月 10 日前缴纳。</td></tr>
</table>

表 8-6　城镇土地使用税纳税申报表

填表日期：2012 年 1 月 10 日

纳税人识别号 | 6 | 1 | 0 | 1 | 0 | 4 | 7 | 1 | 8 | 7 | 5 | 5 | 0 | 7 | 2 |

金额单位：元（列至角分）

纳税人名称	西安云英实业有限公司						税款所属期		2011 年 5 月 1 日至 2011 年 12 月 31 日			
房屋坐落地点	西安市长安南路 86 号											
土地所处地点	上期占地面积	本期增减	增减时间	本期实际占地面积	法定免税面积	应税面积	土地等级	适用税额	全年应缴税额	年缴纳次数	本期		
											应纳税额	已纳税额	应补（退）税额
1	2	3		4=2+3	5	6=4-5	7	8	9=7×8	10	11=9/10	12	13=11-12
长安南路	2 000			2 000		2 000		9	18 000	2	18 000		18 000
合计													

如纳税人填报，由纳税人填写：		如委托代理人填报，由代理人填写以下各栏			
会计主管 （签章）吴颖珍	纳税人 （公章）	代理人名称		代理人 （公章）	
		代理人地址			
		经办人姓名		电话	
以下由税务机关填写					
收到申报表日期		接收人			

思考与练习

一、单项选择题

1．下列要交印花税的凭证是（　　）。
A．营业执照　　B．银行开户许可证
C．会计记账凭证　　D．发票领购本

2．下列哪项不是印花税的税率（　　）。
A．2‰　　B．0.3‰　　C．0.5‰　　D．1‰

3．下列应纳城镇土地使用税的有（　　）。
A．县城的政府机关办公楼　　B．市区的某小学的操场用地
C．工矿区的黑白铁门市部　　D．农村山区的小卖部

4．城镇土地使用税适用的税率属于（　　）。
A．定额税率　　B．幅度比例税率
C．差别比例税率　　D．地区差别比例税率

5．下列各项中，符合房产税纳税人规定的是（　　）。
A．房屋出典的由出典人纳税
B．房屋出租的由承租人纳税
C．房屋产权未确定的由代管人或使用人纳税
D．个人无租使用纳税单位的房产，由纳税单位缴纳房产税

二、多项选择题

1．下列各项中，应当征收印花税的项目有（　　）。
A．产品加工合同　　B．法律咨询合同
C．技术开发合同　　D．出版印刷合同

2．下列各项中，可以免交城镇土地使用税的有（　　）。
A．财政拨付事业经费单位的食堂用地
B．名胜古迹场所设立的照相馆用地
C．公园内设立的影剧院用地
D．宗教寺庙人员的生活用地

3．下列关于城镇土地使用税纳税义务发生时间的说法中，正确的有（　　）。
A．纳税人出租、出借房产，自交付出租、出借房产之次月起开始缴纳土地使用税
B．纳税人征用非耕地，自批准征用次月起开始缴纳土地使用税
C．纳税人购置新建商品房，自房屋交付使用之次月起开始缴纳土地使用税
D．纳税人征用耕地，自批准征用次月起开始缴纳土地使用税。

4．下列房产中，属于房产税征税范围的有（　　）。
A．政府机关自用的房产　　B．宗教寺庙出租的房产
C．人民团体自用的房产　　D．事业单位的经营性房产

5．2007 年，王某将市区住房出租给柳某用于居住，取得租金 2 万元，该房产原值 40 万元，房产税的扣除比例为 20%，则王某缴纳的房产税是（　　）元。

A．4800　　B．3840　　C．2400　　D．800

三、练习题

1．甲乙双方签订一份仓储保管合同，合同上注明货物金额 500 万元，保管费用 10 万元。请计算甲、乙各自要交多少印花税？

2．ABC 公司 2007 年 10 月开业，当年发生以下有关业务事项：领受房屋产权证、工商营业执照、土地使用证各 1 件；与其他企业订立转移专用技术使用权书据 1 份，所载金额 100 万元；订立产品购销合同 1 份，所载金额为 200 万元；订立借款合同 1 份，所载金额为 400 万元；企业记载资金的账簿，“实收资本”为 800 万元；其他营业账簿 10 本。

要求：该企业 2007 年应缴纳的印花税税额。

3．某市一商场坐落在该市繁华地段，企业土地使用证书记载占用土地的面积为 6 000 平方米，经确定属一等地段；该商场另设两个统一核算的分店均坐落在市区三等地段，共占地 4 000 平方米；一座仓库位于市郊，属五等地段，占地面积为 1 000 平方米。计算该商场全年应纳的城镇土地使用税。（注：一等地段年税额 30 元/平方米；三等地段年税额 18 元/平方米；五等地段年税额 3 元/平方米）

4．某企业 2011 年 1 月 1 日的房产原值为 3 000 万元，4 月 1 日将其中原值为 1 000 万元的临街房出租给某连锁商店，月租金 5 万元。当地政府规定允许按房产原值减除 20%后的余值计税。该企业当年应缴纳房产税。

项目9 网上纳税申报

项目介绍

- ✧ 目前，我国纳税申报的方式主要有以下三种：直接申报、邮寄申报、数据电文申报。
- ✧ 采取网上纳税申报方式，纳税人必须登陆所属地区税务机关电子申报系统网站，才可完成网上申报纳税。
- ✧ 网上纳税申报的内容包括各个税种的纳税申报表及其附表、财务会计报表以及税务机关要求报送的其他纳税资料。

能力目标

- ✧ 学会在网上进行增值税的申报。
- ✧ 学会在网上进行所得税的申报。
- ✧ 学会在网上申报相关的地方税费。
- ✧ 具有较强的网络安全意识，能够为企业信息做好安全保密防范措施。

知识目标

- ✧ 掌握增值税网上申报流程和方法。
- ✧ 掌握所得税网上申报流程和方法。
- ✧ 掌握各种地方税费网上申报流程和方法。

社会目标

- ✧ 具有一定的办公自动化能力。
- ✧ 具有严谨细致的工作作风。
- ✧ 具有诚信的品格和较强的责任感。

任务1　增值税、所得税网上申报

纳税人要在网上办理增值税纳税申报业务，必须在其计算机上安装网上申报系统软件，并以互联网为传输媒介，将增值税纳税申报信息传输到自己所在区域的国家税务局网上申报受理平台，经“一窗式”比对通过后将申报数据自动导入税收征管系统，并划缴税款的一种申报缴纳方式。

对于企业所得税在国税缴纳并且已安装了天畅网上申报系统软件的，其企业所得税也可以通过该软件生成纳税申报表，完成网上纳税申报。申报步骤与增值税基本相同。只是在选择报表是选择为所得税，即可按软件提示的步骤完成。其纳税申报步骤在此不再赘述，只以增值税为例进行讲解。

工作任务

增值税、所得税网上申报

李小萌学会了各种税种的申报与计算，对网上纳税申报又产生了兴趣。如何进行网上纳税申报呢？让我们跟着李小萌一起学习网上纳税申报。

一、网上申报系统软件

网上纳税申报软件分为低保型纳税申报软件、商品化纳税申报软件和纳税人自行开发纳税申报软件。

低保型纳税申报软件，是指税务机关免费为纳税人提供、符合相关规定、满足基本要求的纳税申报软件。

商品化纳税申报软件，是指市场上开发服务商根据相关规定开发的，纳税人自愿选用并享有配套服务的纳税申报软件。

纳税人自行开发纳税申报软件，是指纳税人自行研发符合相关规定的纳税申报软件。

目前各地税务机关要求使用的纳税申报软件不尽相同。纳税人可根据税务机关的要求并结合自身条件选择纳税申报软件。本项目以天畅网上纳税申报软件为蓝本，介绍增值税一般纳税人纳税申报的操作。

二、网上申报流程

增值税一般纳税人纳税网上申报流程如下。

步骤一：安装天畅网上申报软件。

步骤二：填写企业信息。

步骤三：登录纳税申报系统，输入登录代码、用户名、登录口令，点击确定按钮。

1）登录后，进入如下界面。

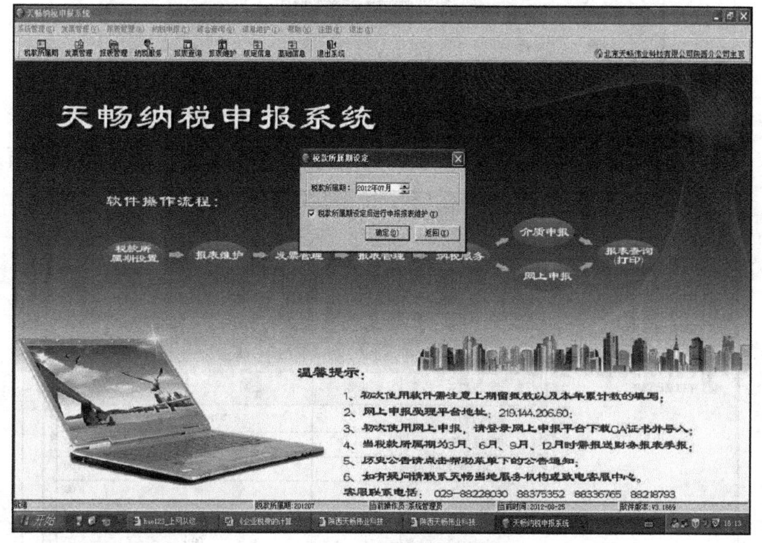

2）设置所属会计期间。

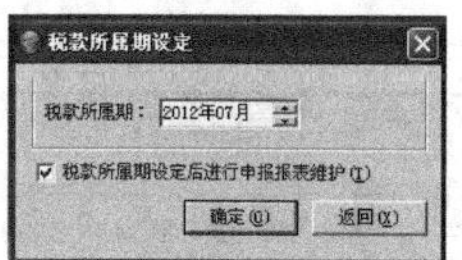

3）会计期间设置好后，点击确定，进入如下页面，然后选择所需要的申报表——增值税。

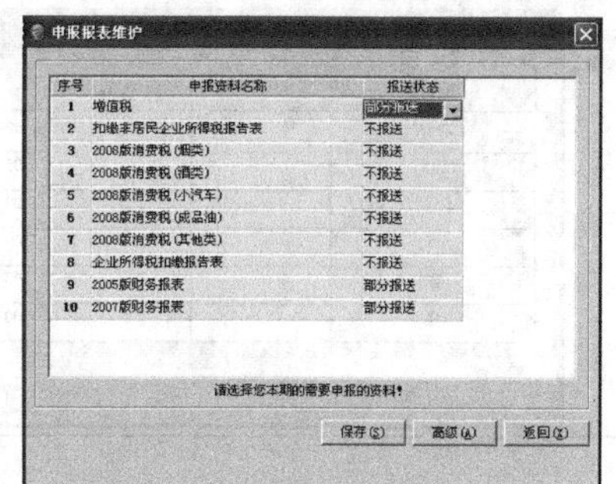

点击“高级”按钮，选择所需申报的资料，点击“保存”按钮，然后点击“返回”按钮，就可以进入到输入纳税申报资料并生成纳税申报表的阶段。

申报报表选择

报表名称	报送状态
增值税纳税申报主表	必报资料
增值税纳税申报表附列资料（表一）	必报资料
增值税纳税申报表附列资料（表二）	必报资料
固定资产进项税额抵扣情况表	必报资料
申报情况说明表	不使用
成品油购销存情况明细表	不使用
海关完税凭证抵扣清单	不使用
增值税运输发票抵扣清单	不使用

请选择您本期的需要申报的报表！

全部选为必报资料(A)　确定(O)　返回(X)

步骤四：选择菜单栏的“发票管理”，录入当期进项发票、销项发票信息。

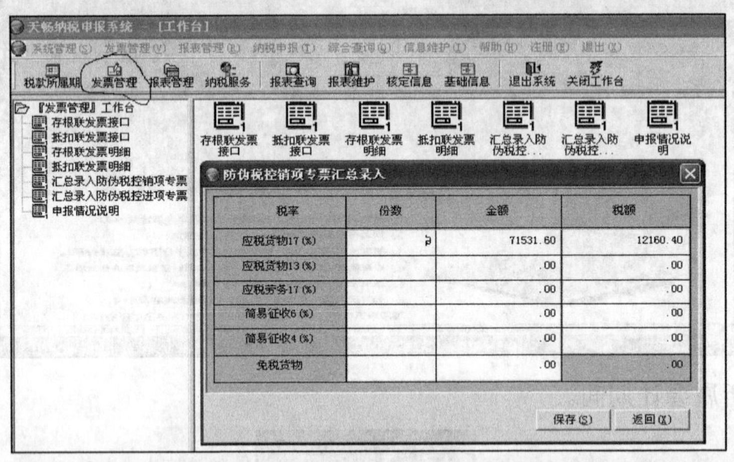

税率	份数	金额	税额
应税货物17(%)	2	71531.60	12160.40
应税货物13(%)		.00	.00
应税劳务17(%)		.00	.00
简易征收6(%)		.00	.00
简易征收4(%)		.00	.00
免税货物		.00	.00

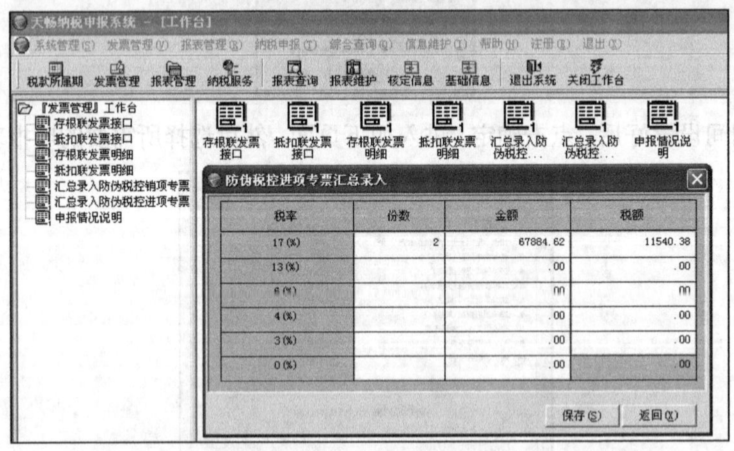

税率	份数	金额	税额
17(%)	2	67884.62	11540.38
13(%)		.00	.00
6(%)		.00	.00
4(%)		.00	.00
3(%)		.00	.00
0(%)		.00	.00

1）输入完毕后，按“返回”按钮。选择菜单栏“报表管理”，双击“增值税”文件夹。

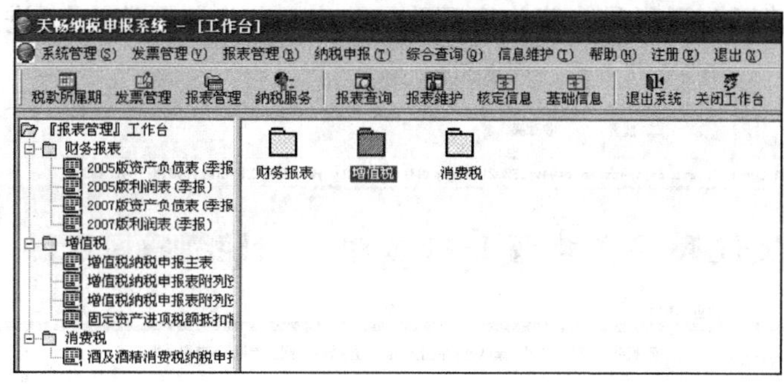

2）打开增值税纳税申报表的录入界面，录入纳税申报表，报表内容与本教材项目二的内容一致。

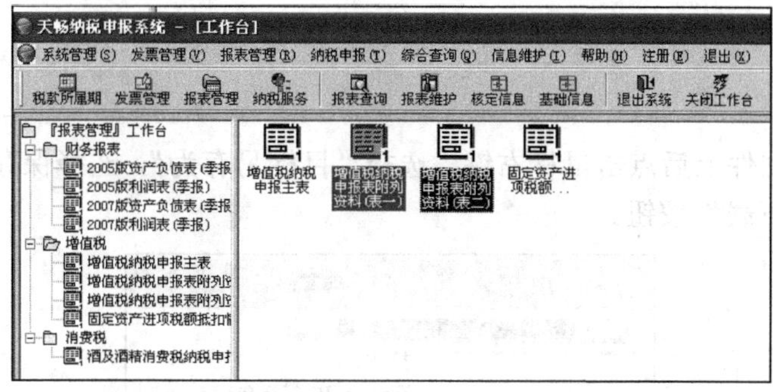

3）报表输入完毕，保存数据后返回。

步骤五：下载证书文件。使用网上申报前需将证书文件导入天畅申报软件（导入一次即可，也就是第一次使用天畅纳税申报软件时导入，以后在软件没有重装的情况下无需再次导入），方法如下。

进入“陕西省国家税务局专用发票认证和网上申报受理系统”：

①直接在浏览器地址栏输入 IP 地址：219.144.206.60，回车即可。②进入陕西天畅伟业科技有限公司网站中的网上申报系统，点击“网上申报”—“进入网上申报受理系统”。两种方法均可打开如下页面。

发票认证和网上申报受理系统　陕西省国家税务局
http://www.sn-n-tax.gov.cn

登录

请输入查询用户：610104750217073

请输入查询密码：

登 录　重 置

提示：

1.为保证正常使用，请设置1024*768以上分辨率。

2.用户名为纳税人识别号。

3.登录密码默认为888888，请登录后自行修改密码。

查询用户处填写公司税号，查询密码为 888888，点击【登录】，进入如下界面，点击“下载证书”。

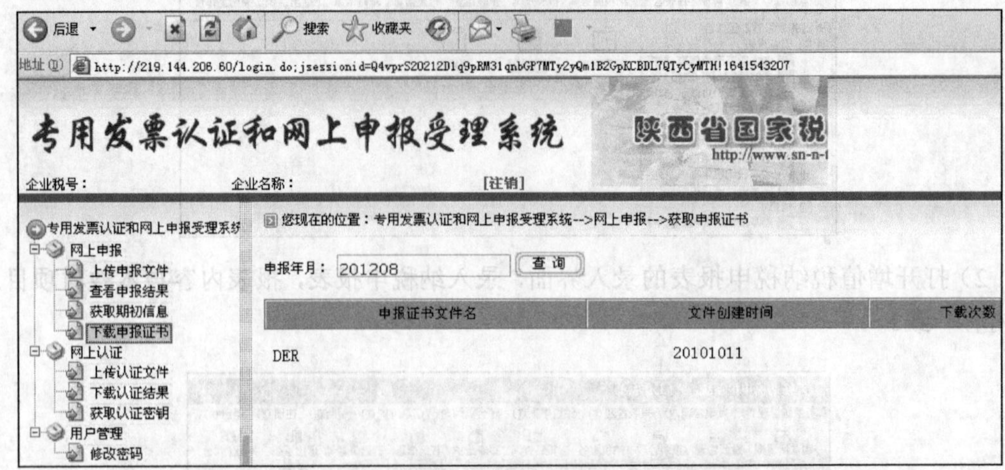

将光标移到文件上后点击鼠标右键，选择“目标另存为”，选择保存路径为“桌面”。不要点后边的“下载”按钮。

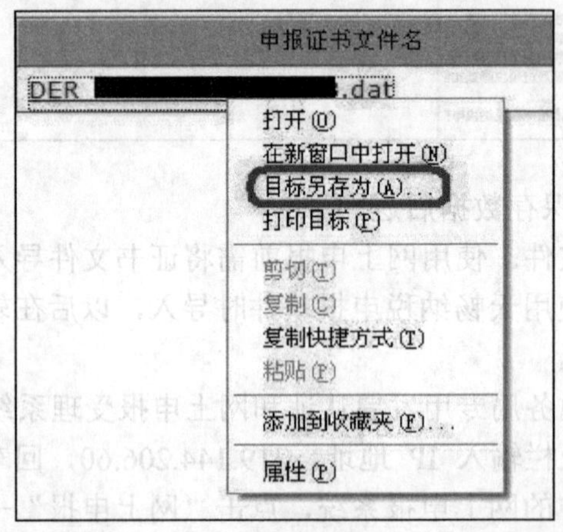

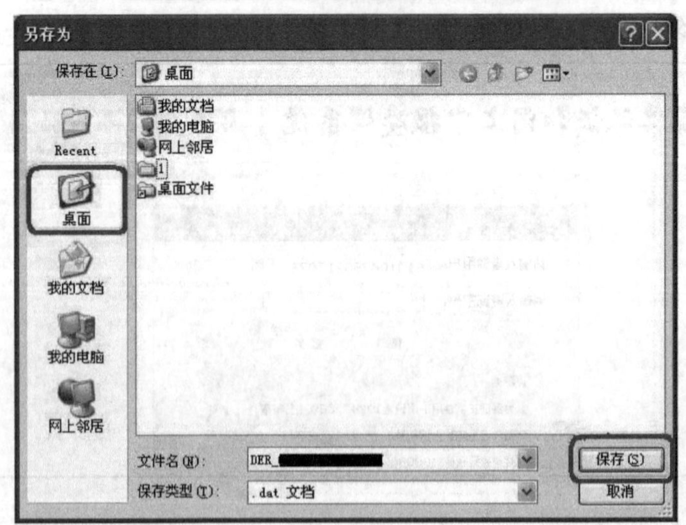

步骤六：导入证书文件。

1）登录“天畅纳税申报软件”后，点击“系统管理”—“导入证书文件”。

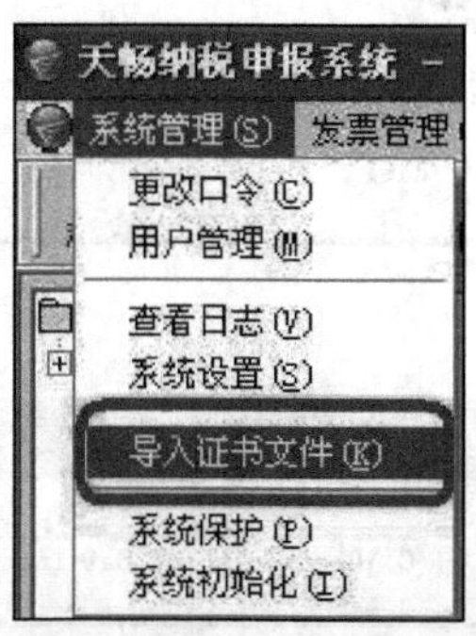

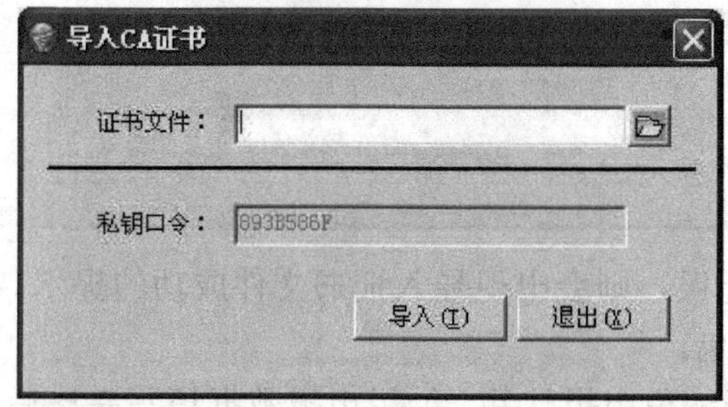

2）点击图中红框图标，选择桌面。

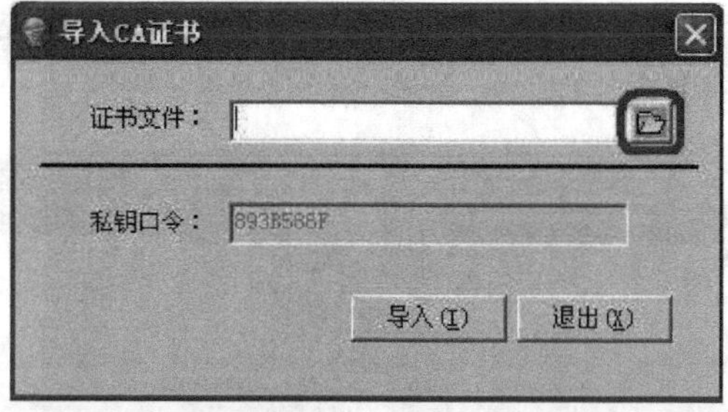

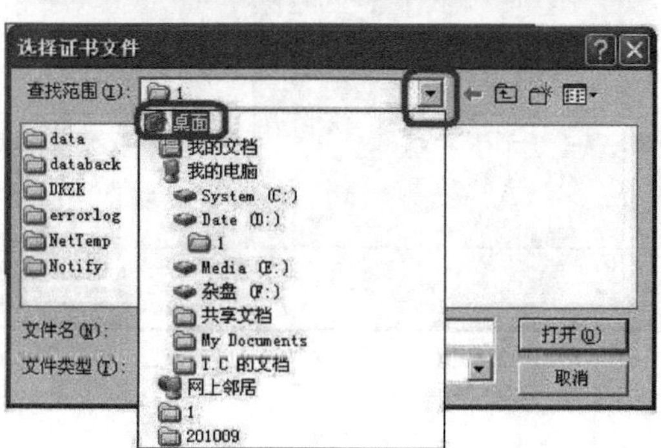

3）选中证书文件，点击“打开”。

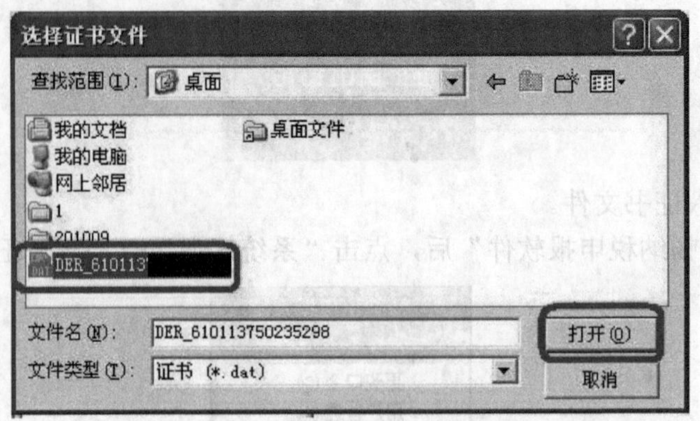

4）点击“导入”。

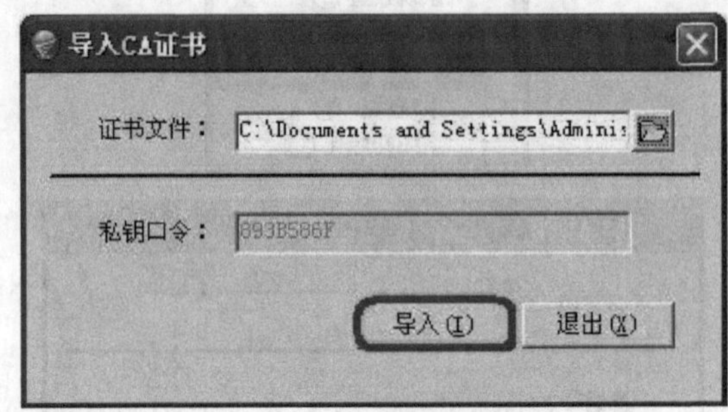

5）如果证书文件无误，则会出现导入证书文件成功的提示。

步骤七：生成数据包。

1）需再次登录天畅纳税申报软件，纳税申报数据填写完毕后（即第四步），点击“纳税服务”—“纳税申报”—“添加”，点击“下一步”。

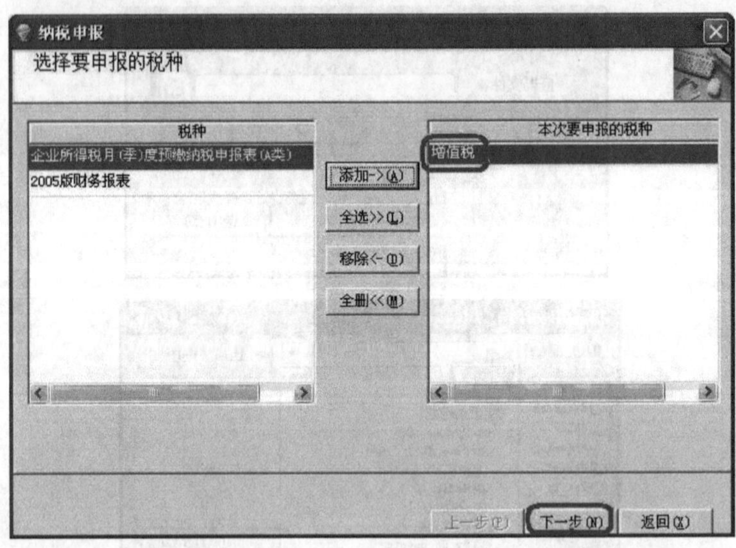

2）点击“数据审核”。

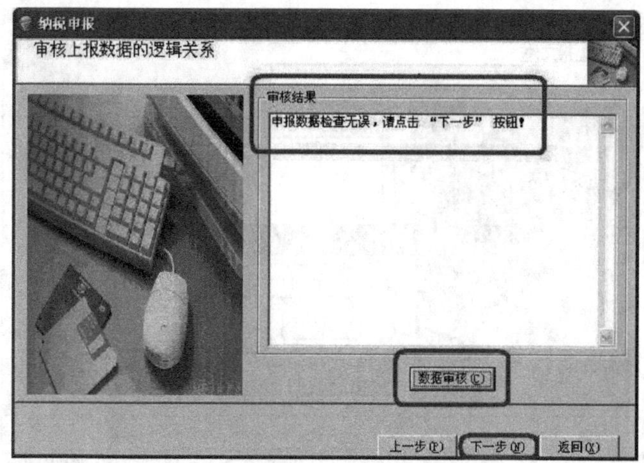

3）数据审核无误后，点击“下一步”，选择“网上申报”。

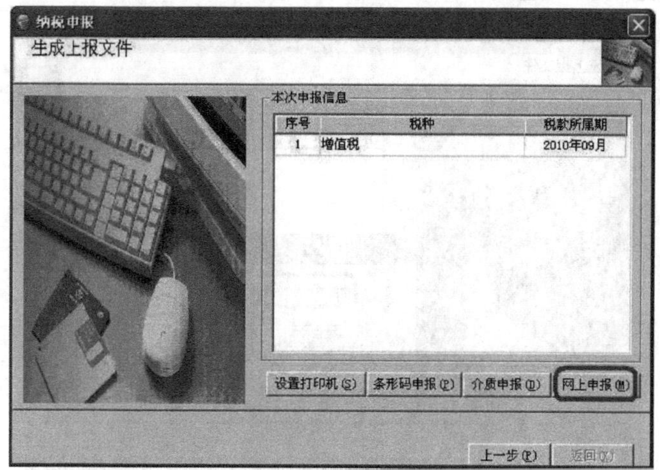

4）选择目标路径生成到“桌面”，点击“确定”。

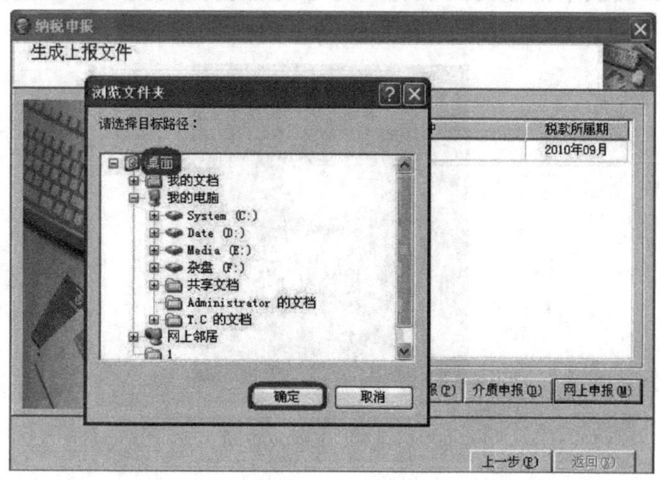

5）生成文件成功提示。

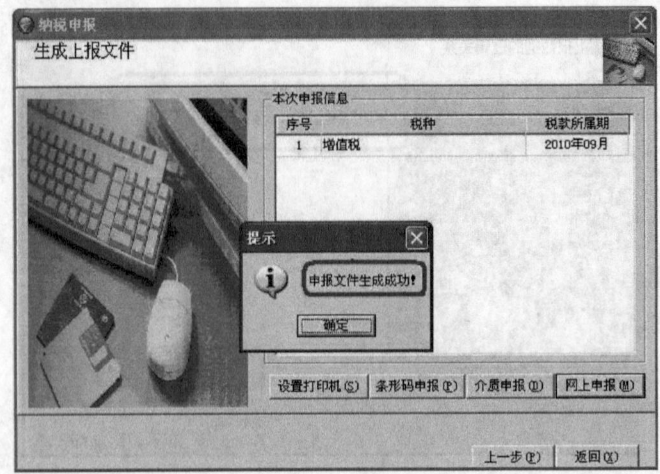

6）点击“确定”—“返回”。

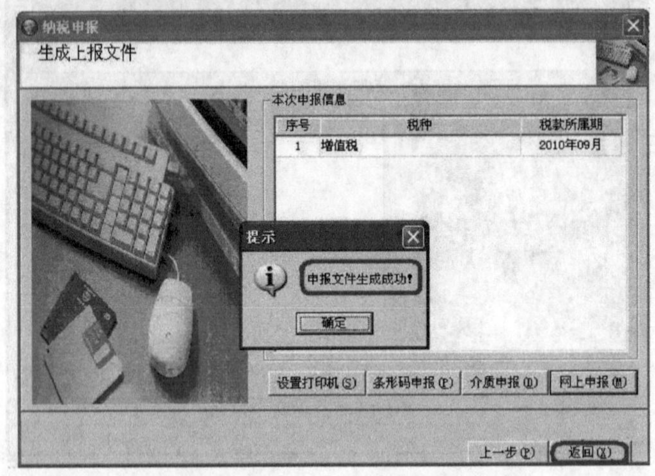

桌面上会有以税款申报年月为名称“每个月都会自动变化”的文件夹（比如 2010 年 9 月为 201009），此为天畅纳税申报系统网上申报生成的数据包。

步骤八：上传申报文件。

进入省国家税务局专用发票认证和网上申报受理系统，进入方法请参考第一步。

1）依次点击“上传申报文件”—“浏览”。

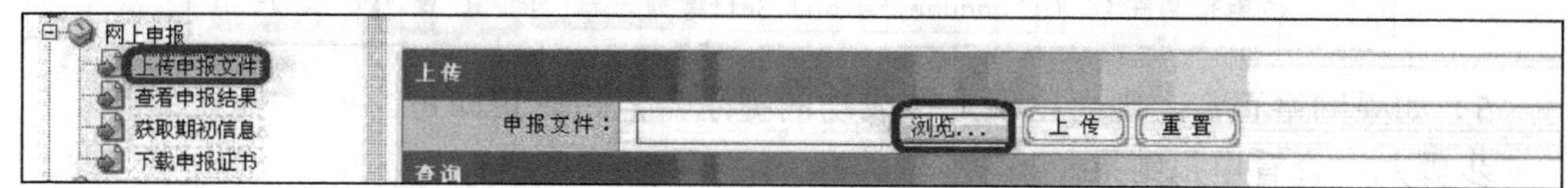

2）出现一个对话框，选择“桌面”，找到201009文件夹（每个月都会自动变化），点击打开。

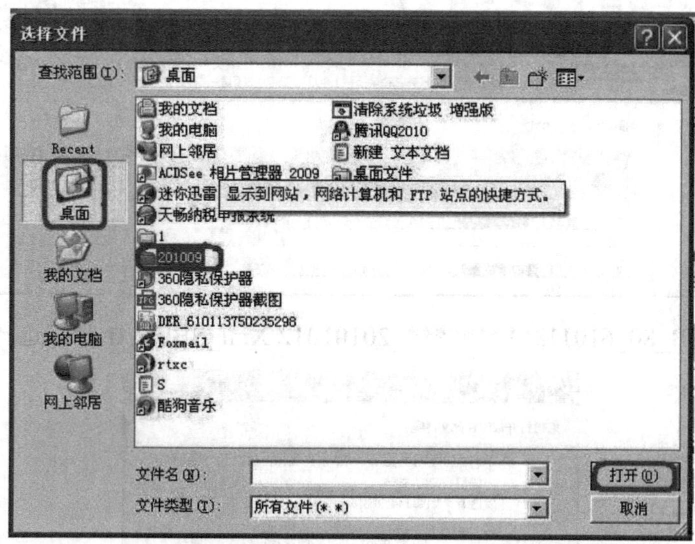

3）鼠标选中文件，点击“打开”。

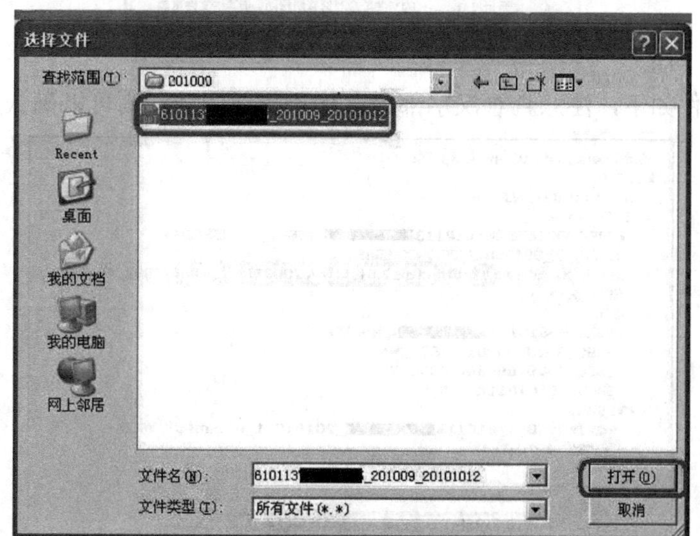

4）点击“上传”。

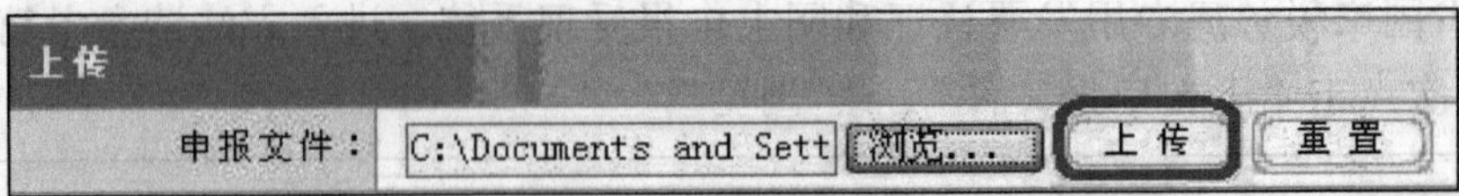

5）如果网络正常，则会出现上传成功的提示，点击确定即可。

步骤九：查看申报结果。

1）5～10分钟后，点击“查看申报结果”。

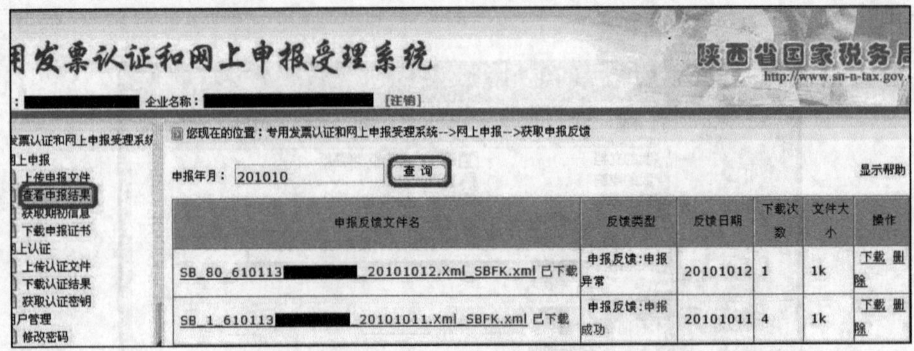

2）点击“SB_80_610113*********_20101012.Xml_SBFK.xml”，选择“打开”。

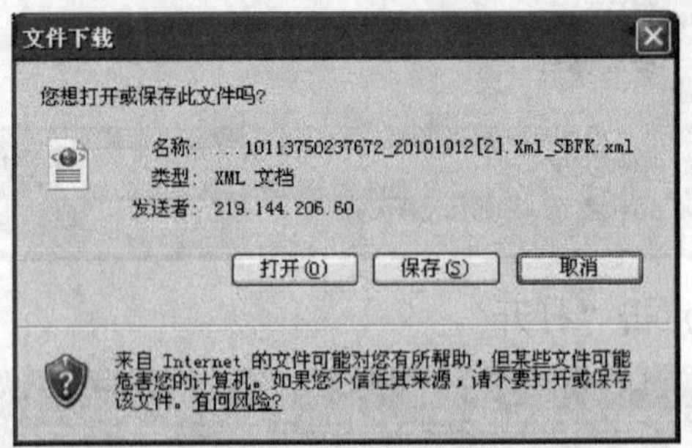

3）打开文件如下，注意查看汉字部分，如果提示成功，则可以确认为申报成功。

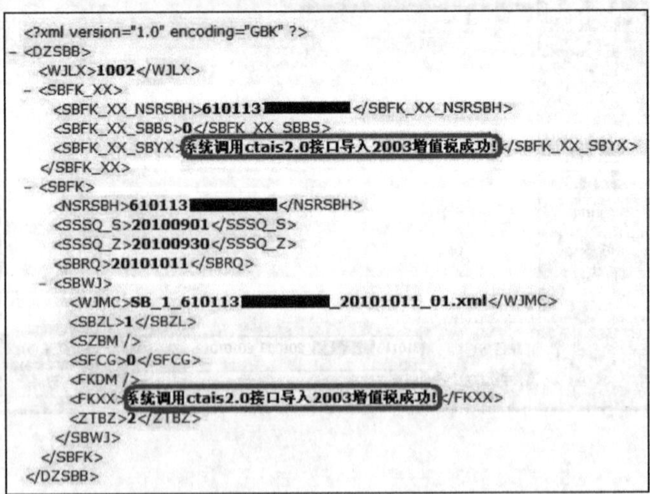

```
<?xml version="1.0" encoding="GBK" ?>
- <DZSBB>
    <WJLX>1002</WJLX>
  - <SBFK_XX>
      <SBFK_XX_NSRSBH>610113</SBFK_XX_NSRSBH>
      <SBFK_XX_SBBS>0</SBFK_XX_SBBS>
      <SBFK_XX_SBYX>系统调用ctais2.0接口导入2003增值税成功!</SBFK_XX_SBYX>
    </SBFK_XX>
  - <SBFK>
      <NSRSBH>610113</NSRSBH>
      <SSSQ_S>20100901</SSSQ_S>
      <SSSQ_Z>20100930</SSSQ_Z>
      <SBRQ>20101011</SBRQ>
    - <SBWJ>
        <WJMC>SB_1_610113_20101011_01.xml</WJMC>
        <SBZL>1</SBZL>
        <SZBM />
        <SFCG>0</SFCG>
        <FKDM />
        <FKXX>系统调用ctais2.0接口导入2003增值税成功!</FKXX>
        <ZTBZ>2</ZTBZ>
      </SBWJ>
    </SBFK>
</DZSBB>
```

此步操作必不可少，如果提示错误，请确认报表数据是否正确，如果数据无误请重新生成数据包上传（重复第八步以后的步骤）。

任务2 地方税网上申报

工作任务

地方税网上申报

李小萌完成了增值税、所得税网上申报流程，让我们跟着李小萌一起学习地方税网上申报。

地税网上申报是纳税人、扣缴义务人以及地税代征社保费和基金的缴费人（以下简称“纳税人”），通过互联网登录各地地方税务局网上办税系统，办理各类涉税（费）事项的一项服务活动。它是地方税务局为纳税人提供的基于互联网的方便、快捷、优质办税（费）的服务项目。

网上办税（费）业务的平台和流程全国各地不尽相同，本文以陕西省为例，介绍网上办税（费）业务的操作方法，其主要流程如下：

步骤一：网上办税注册。纳税人登录网址 http://www.12366sds.gov.cn/wssw 进行注册。注册页面如下。

我是纳税人

纳税人登录

管理代码：

密 码：

验证码： 点击获取 点击刷新

登录 注册 忘记密码?

刷新 CA证书登录

点击“注册”，进入注册页面。注册时，网上办税的注册信息应与税务机关征管库中的基础登记信息一致。纳税人如果需要使用CA证书登录网上办税系统，则在注册前，需到CA认证机构申请办理并取得CA证书。

填写注册资料

企业资料

纳税人管理代码： * 9位数字的管理代码

税务登记证号： *

法人代表姓名： *

是否CA数字证书户： ○ 是 ○ 否 * 你是否使用“CA数字证书”方式登陆网上办税系统进行相关业务的办理

经办人资料

姓名： *

身份证号： *

联系电话： *

手机： *手机号必须为11位

传真：

Email： Email必须以字母开始，样例azl11@yahoo.com.cn

密码信息

登录密码： * 请输入6至15位字符，并区分英文字母大小写

确认密码： *

密码提示问题： * 忘记密码的提示问题(用于取回密码，请牢记)

找回密码答案： * 忘记密码的提示问题答案(用于取回密码，请牢记)

验证码： 点击获取 * 点击刷新

注：以上带 * 的选项为必填项！

提 交　重新填写

步骤二：与主管税务机关、开户银行签订财税库银三方协议。

步骤三：网上办税审批。由经办人持税务登记证副本到主管税务机关领取并填报《网上办税业务申请审批表》，同时签订《西安市地方税务局网上报税协议》。税收专管员在征管系统中进行审批后，纳税人就可以正式通过网上办理涉税业务了。

步骤四：登录网上办税系统。打开网页 http://www.12366sds.gov.cn/wssw，进入登录界面。

我是纳税人

纳税人登录

管理代码：

密　码：

验证码： 点击获取 点击刷新

登录　注册　忘记密码？

刷新　CA证书登录

登录方式有两种：①普通方式，指纳税人凭“管理代码”和“用户密码”登录网上办税系统，即输入管理代码、密码、验证码即可。②证书方式，指纳税人采用已认定好的 CA 数字证书登录网上办税系统，即将 CA 证书插入电脑，系统会自动显示企业的名称，点击登录，输入密码，点击 CA 证书登录即可。成功登录后，界面如下。

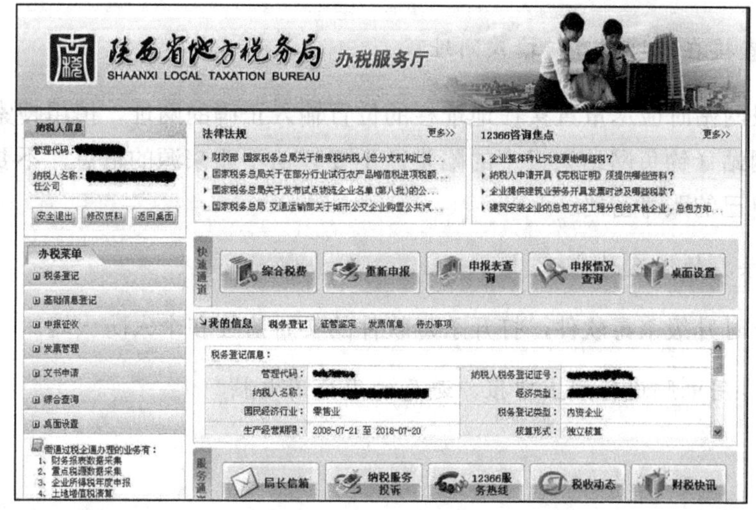

企业在纳税申报期限内，可通过“办税菜单”中的“申报征收”模块完成税费申报的填写、申报、缴纳等事宜。申报表的填写方法与前面相应项目讲述的方法一致。在此平台企业也可进行修改登录密码等等其他涉税事宜的操作。

任务 3　网上纳税申报安全

工作任务

网上纳税申报安全

在网上申报的同时，不要忘记网上纳税申报安全。让我们跟着李小萌一起学习网上纳税申报的安全防范措施。

实行网上申报，使纳税人足不出户完成纳税申报成为现实，但纳税人通过公网进行纳税申报时，在传输过程中可能出现数据被截留、篡改及身份被假冒、非授权访问、病毒攻击、涉嫌抵赖纳税的网上纠纷等情况。为保证纳税人的利益，必须做好以下安全防范措施：

1. 安装正版的操作系统并及时进行系统升级

正版的微机操作系统会不定期公布系统补丁。应经常检查系统安全性，及时下载补丁修补系统漏洞，以减少木马入侵的可能。

2. 设置较为复杂的登录密码，并妥善保管，防止外泄

如有可能，应定期或不定期更换密码。网上办税完毕，应及时安全退出系统。最好使用 CA 证书登录方式登录网上申报系统。

3. 尽量直接在地址栏直接输入网址

登录申报网站时应尽量直接在地址栏的位置输入正确的网址，慎用搜索引擎，以防落入一些假网站（钓鱼网站）设下的陷阱。不要轻信不明来源的信息，不要随意在不明网页上提交自己的账号密码。

4. 安装杀毒软件及时升级

安装并及时升级杀毒软件，打开杀毒软件的实时监控和个人防火墙。

5. 使用专用电脑进行网上申报，避免使用公用电脑

参 考 文 献

陈云梅，李华. 2011. 纳税实务项目化教程[M]. 哈尔滨：哈尔滨工程大学出版社.

梁伟样. 2009. 企业纳税实务[M]. 北京：清华大学出版社.

王建辉，司宇佳. 2011. 纳税实务[M]. 北京：北京大学出版社.

王明佳，常凯. 2010. 税费申报与缴纳[M]. 北京：清华大学出版社.

王金申，贾讲用. 2011. 纳税实务[M]. 北京：中国经济出版社.

中国注册会计师协会. 2012. 税法[M]. 北京：经济科学出版社.

www.chinatax.gov.cn 国家税务总局.

www.sn-n-tax.gov.cn 陕西省国家税务局.

www.snds.gov.cn 陕西省地方税务局.

www.029taxware.com 陕西天畅伟业科技有限公司.